ROMANCE MEDIÚMNICO

BAJO LAS CENIZAS DEL TIEMPO

Carlos A. Baccelli
Inácio Ferreira

Traducción al Español:

J.Thomas Saldias, MSc.
Trujillo, Perú, Junio, 2022

Título Original en Portugués:

"Sob a cinzas do tempo" Carlos A. Baccelli © 2001

World Spiritist Institute

Houston, Texas, USA

E–mail: contact@worldspiritistinstitute.org

Sinopsis

En las páginas vivas de este relato novelizado –
"Bajo las cenizas del tiempo" –, que el ilustre psiquiatra Dr.
Inácio Ferreira (1904–1988) escrito por la mano servicial del
psicógrafo Carlos A. Baccelli, los lectores, incluidos los que
se ocupan de las actividades de Psiquiatría, Psicoanálisis y
Psicología, así como de las obras de Desobsesión, tendrán el
mismo beneficio de una lectura emocionante. y amplio
conocimiento de cuánto puede realizar, prodigiosamente, la
obra devota e ilustrada a la luz del Espiritismo, en el seno
de la venerable institución fraternal – el Sanatorio Espírita
de Uberaba, con el propio autor espiritual como Director
clínico –, en favor de quienes realizar dolorosas redenciones
kármicas, en inevitables reajustes ante la Justicia Divina.

Sobre Inácio Ferreira

Afortunadamente, siempre ha habido, como los hay, hombres y mujeres que, poniendo en práctica sus diversas potencialidades, consagraron su vida en favor de todos. No hace falta nombrar a tantos espíritus verdaderamente misioneros que pasaron, como lo hacen, por el mundo, haciendo el bien y promoviendo el progreso real de la humanidad, si no inmolándose en el amor al prójimo.

Entonces, tuve la suerte de conocer a tal persona, en nuestro triángulo espírita de Uberaba. Durante más de 40 años de fraterna convivencia, en actividades de comunicación y expresión, a través de sus libros, nuestro "La Llama Espírita" y de los discursos doctrinarios, me complació mucho donarle el aporte sin pretensiones de un profesional de la lengua nativa. ¡De hecho, le proporcioné un subsidio que solo podía ser exigido por la mejora estética más que por el correctivo, ya que el ilustre escritor nunca dejó de tener la palabra justa y objetiva, en la expresión de un pensamiento libre, noble, valiente, sincero y, sobre todo, humanitario!

Por lo tanto, me complace referirme aquí al inolvidable compañero de ideal, Dr. Inácio Ferreira, ahora de regreso a través del valiente logopsicófano de Uberaba, Carlos A. Baccelli, en esta excelente narración de sus actividades, durante más de 50 años, como Director Clínico del Sanatorio Espírita Uberaba –Departamento del Centro Espírita Uberabense –, desde el 31 de diciembre de 1919.

A modo de mini biografía, cabe señalar que el Dr. Inácio Ferreira de Oliveira nació en Uberaba (MG), el 15 de abril de 1904, hijo del matrimonio Sr. Jacinto Ferreira de Oliveira y doña María Lucas de Oliveira, casada con

Doña Aparecida Valicenti Ferreira y desencarnó el 27 de septiembre de 1988, en su ciudad natal. Médico egresado de la Universidad de Brasil, en Río de Janeiro, ejerciendo en Uberaba, se hizo espírita luego de observar, con sincera intención de investigación y celo, los diversos hechos neuropsíquicos – verdaderos dramas kármicos – relacionados con los enfermos hospitalizados en el meritorio nosocomio y comprobó la incuestionable eficacia de la Terapia Espírita para la curación de los desórdenes nerviosos seminales, contando así con la imprescindible colaboración de la médium doña María Modesta Cravo, así como del Jefe de Enfermería, Manoel Roberto da Silva, y otros diversos dedicados colaboradores, entre el personal médico y mediúmnico, el Dr. Inácio Ferreira realizó obras muy importantes de abnegación e inteligencia. De sus permanentes estudios y observaciones en este sector resultaron libros especializados en Psiquiatría a la luz del Espiritismo, que, aun hoy, son objeto de consulta, tanto en Brasil como en el exterior. *"Novos Rumos à Medicina"*, en 2 volúmenes, y *"La psiquiatría ante la reencarnación"*, entre otros, son dos ejemplos destacados, además de este notable repositorio de experiencia y obra solidaria, titulado *"Bajo las cenizas del tiempo."*

En su inalienable crédito, ante la comunidad de Uberaba y ante la inmortalidad de Cristo, es importante mencionar la creación, por parte del Dr. Inácio Ferreira, del Hogar Espírita, inaugurado el 1 de mayo de 1949 – institución de apoyo y asistencia fraterna para niñas de escasos recursos, que el abnegado idealista construyó, con

la participación de generosos donantes y de los jóvenes
integrantes de la Unión de la Juventud Espírita de Uberaba,
que continúa el benemérito departamento.

Fausto de Vito

Del Traductor

Jesus Thomas Saldias, MSc., nació en Trujillo, Perú.

Desde los años 80's conoció la doctrina espírita gracias a su estadía en Brasil donde tuvo oportunidad de interactuar a través de médiums con el Dr. Napoleón Rodriguez Laureano, quien se convirtió en su mentor y guía espiritual.

Posteriormente se mudó al Estado de Texas, en los Estados Unidos y se graduó en la carrera de Zootecnia en la Universidad de Texas A&M. Obtuvo también su Maestría en Ciencias de Fauna Silvestre siguiendo sus estudios de Doctorado en la misma universidad.

Terminada su carrera académica, estableció la empresa *Global Specialized Consultants LLC* a través de la cual promovió el Uso Sostenible de Recursos Naturales a través de Latino América y luego fue partícipe de la formación del **World Spiritist Institute**, registrado en el Estado de Texas como una ONG sin fines de lucro con la finalidad de promover la divulgación de la doctrina espírita.

Actualmente se encuentra trabajando desde Peru en la traducción de libros de varios médiums y espíritus del portugués al español, así como conduciendo el programa "La Hora de los Espíritus."

ÍNDICE

Bajo las Cenizas del Tiempo 11

PRIMERA PARTE...12

  1.– EL SANATORIO 13

  2.– EL ESPÍRITU OBSESOR 18

  3.– BITTENCOURT SAMPAIO....................................23

  4.– LA PAREJA DE VISITANTES..................................28

  5.– MARÍA DE LOS DOLORES.....................................33

  6.– ENCUENTRO PROVIDENCIAL.............................38

  7.– CONVERSACIÓN PROVECHOSA.........................43

  8.– LA FUGA DE PAULITO 47

  9.– SEGUNDA SESIÓN 51

  10.– OTRO DÍA 55

  11.– MI PACIENTE 59

  12.– LURDIÑA 63

  13.– EL PABELLÓN MASCULINO................................67

  14.– VISITANTE ILUSTRE...72

  15.– LA CONFRONTACIÓN...77

  16.– ENAMORADOS 81

  17.– DEPRESIÓN SUPERADA 86

  18.– FUEGO SALVAJE...91

  19.– DOÑA QUERUBINA 96

  20.– MIÉRCOLES...101

21.- HABLANDO DE NOSOTROS MISMOS 106

22.- CUIDANDO DEL JARDÍN 111

23.- LECCIÓN INOLVIDABLE 116

24.- REENCARNACIÓN Y EVANGELIO..................121

25.- MENSAJE DEL DR. BEZERRAD....................126

SEGUNDA PARTE..131

26.- EL REGRESO DEL OBSESOR 132

27.- TOMÁS DE TORQUEMADA 137

28.- MÁS DE CUATROCIENTOS AÑOS..................142

29.- CONTINUANDO LA CONVERSACIÓN 147

30.- FRAGILIDAD HUMANA 152

31.- INFORMES DE MANOEL ROBERTO 156

32.- JUVENTUD ESPÍRITA 161

33.- EL CONVERSACIÓN 166

34.- PÁNICO Y SUICIDIO...........................171

35.- EL NIÑO AHOGADO 176

36.- EL TRABAJO INCESANTE 181

37.- VIGILANCIA REDOBLADA 186

38.- LA MUERTE DE DOLORES 191

39.- DIÁLOGO AMISTOSO 196

40.- PREPARACIÓN REENCARNATORIA 201

41.- ALTA HOSPITALARIA 206

42 - JARDIN RESENTIDO............................211

43.- GUARDIÁN DEL INQUISIDOR 216

44.– PACTO DE SILENCIO 221

45 – LA REENCARNACIÓN DE TORQUEMADA 226

46.– NACE EL NIÑO...231

47.– CON MI AHIJADO EN MI REGAZO 235

48.– AMENAZA CONSTANTE....................................240

49.– LA DESENCARNACIÓN DE JUNIOR 245

50.– EPÍLOGO...249

Bajo las Cenizas del Tiempo

Haciendo el registro de estos recuerdos, nuestra intención no es otra sino la de destacar, a cuantos se dignen en correr la mirada sobre estas páginas, la magnitud de la Ley que, mediante la bendición de las vidas sucesivas, nos posibilita resurgir de las cenizas de nuestros errores pasados para la gloria de la luz inalterable de la verdad.

No tuvimos, como no tenemos, en la catalogación de estas notas, ninguna pretensión de carácter literario, ni nos preocupamos por el orden cronológico de las historias narradas, tomando, por otra parte, bajo la guía de nuestros mayores, el debido cuidado para que los personajes principales involucrados en la trama no sean, por alguna falla nuestra, identificados.

Esperando que esta obra coopere para la construcción de sentimientos, exaltando la excelencia de la Doctrina de los Espíritus para quienes ahora aspiran a dar pasos en los caminos del bien, agradecemos a cielo la oportunidad de seguir sirviendo más allá de la muerte, al mismo tiempo que formulamos a nuestros compañeros de ideal los mejores deseos de paz y progreso espiritual.

Inácio Ferreira

PRIMERA PARTE

1.–
EL SANATORIO

Este padre había llegado al Sanatorio Espírita de Uberaba y estaba angustiado y le había pedido a Manoel Roberto que me llamara para una cita con su hijo enfermo. Visitando el pabellón de mujeres, estaba hablando con una de ellas, acompañada por la médium doña María Modesta Cravo, cuando la auxiliar de enfermería me dijo:

– Dr. Inácio, hay una señora en la sala de espera... El caso parece grave. me. Es un campesino cerca de Capão–da–Onça con su hijo. El muchacho está amarrado...

Dejando a doña Modesta[1] hablando con la paciente, a punto de ser dada de alta, fui a ver qué pasaba. Con el sombrero en la mano, el campesino me saludó y antes de hacer preguntas me explicó:

– Estoy aquí por causa de mi hijo, Doctor. Paulito tiene diecisiete años y ya pasamos por varios médicos; incluso estuvimos en Ribeirão Preto... Hace dos años que estamos en esta lucha. En casa nadie tiene tranquilidad. Somos católicos: su madre no quería que viniese a buscarlo,

------

[1] Era como siempre, el Dr. Inácio Ferreira llamaba a la Sra. María Modesta Cravo – Nota del revisor

pero... Perdóname por ser franco, realmente no creemos en esta historia del Espiritismo.

Le extendí la mano a modo de saludo, tratando de tranquilizarlo, y le pregunté:

– ¿Por qué el chico está amarrado...? No hay peligro; podrías dejarlo ir... ¿No es así, Paulito? – Dije, pasando la mano derecha por el cabello húmedo por el sudor.

Levantando los ojos, ya que hasta este momento se había quedado con la cabeza gacha, el chico me miraba como si alguien me estuviese mirando a través de sus pupilas marrones.

No, Doctor – dijo el granjero, llamado Juliano – no es bueno que lo dejemos ir así... Usted aun no lo ha visto en una de sus crisis; él ya dañó varias habitaciones de hospital... Él parece poseído – ¡es una cosa extraña! No logramos contenerlo. Para traerlo hasta aquí, tuve que pedir ayuda a dos peones en una hacienda cercana... Grita, dice lisuras, dice cosas sin sentido...

Haciendo una breve pausa, el padre, con el sufrimiento reflejado en su rostro, continuó:

– María de los Dolores, mi mujer, es muy católica, ya probamos sesiones de exorcismo... La última vez, él rompió una imagen de San Sebastián y casi estrangula al cura que llamamos a la hacienda... Fuimos a Tambaú, y nada. No sé si es una enfermedad o si es el demonio... Señor, por favor ayúdenos. Aquí está nuestra última esperanza...

Cuando estaba listo para desatar al muchacho, doña Modesta, llegando con Manoel Roberto, me dijo:

– Inácio, no hagas eso... Mientras ustedes conversaban el espíritu de Bittencourt Sampaio me pidió que te avise. No se trata de un caso de obsesión como los demás. Tenemos que ser cautelosos.

Ante la sola presencia de doña María Modesta en el recinto, el joven se retorcía, ansioso por liberarse de aquellas cuerdas... Con los ojos inyectados en sangre y el rostro completamente desfigurado, gritó:

– ¡Zorra!... ¿Qué viniste a hacer aquí? Yo estaba planeando romper todo... ¿Ustedes creen que me van a encerrar en esta fortaleza? No estoy solo... Nosotros también somos legión y tú no eres Jesucristo. ¡Hipócritas!, Yo los conozco muy bien, a ustedes y a este médico de nada...

Cuando Manoel Roberto quiso intervenir, temiendo que el hijo del campesino se soltase, doña Modesta se lo impidió, aclarando:

– ¡Tranquilo!... No nos apresuremos. Esperemos a la sesión de la noche. Es posible que nuestros Mentores nos digan algo al respecto... De todos modos, Inácio, sería bueno mantenerlo aislado del resto de pacientes.

– Doctor – se me acercó el padre, preocupado – yo no tengo mucho dinero… la aftosa mató muchas cabezas de ganado de la hacienda…

– No se preocupe, Sr. Juliano. Este lugar es una casa de caridad; aquí el dinero no está en primer lugar... – le respondí –. Usted tendrá que dejar a su hijo. No prometemos nada. Vuelva el próximo fin de semana. Existen casos que el Espiritismo soluciona.

Mientras Manoel Roberto arreglaba la hospitalización de Paulito, acompañé al padre hasta la puerta del Sanatorio y nos despedimos, viéndolo alejarse en un jeep todo polvoriento.

Volviendo al consultorio, donde me esperaban las fichas de más de tres decenas de pacientes, me encontré con doña Modesta, que quería continuar el diálogo, abordando el problema del joven.

– Inácio – me dijo preocupada –, hay que tener cuidado... Es un adolescente, pero es fuerte. No podemos descuidarnos. Es conveniente que por mientras continúe amarrado; porque podría atacar a otro interno... Pude ver al espíritu que lo posee, y no he visto nada parecido por aquí. Escondió su rostro, pero pude ver que era un hombre, un hombre vestido con una sotana... Creo que es un fraile.

Guiando al compañero que nos prestaba servicios pertinentes, tanto en el campo de la enfermería como en nuestras actividades espirituales en el Sanatorio, pedí que incluso se le diera alimento en la boca; que el baño se dejase para el día siguiente... Antes de medicarlo, esperaríamos la sesión mediúmnica de la noche.

El resto de aquella tarde noté que el ambiente en el Sanatorio había cambiado: dos pacientes tuvieron ataques epilépticos; otro se estrelló contra la pared; mis gatos, normalmente tan tranquilos, maullaban como si estuvieran siendo azotados; empleados discutían en la cocina...

Hacia las 6 de la tarde, horario en el que se servía la cena a los pacientes – los más agresivos los recibían en las salas especiales donde permanecían recluidos –, Manoel Roberto me llamó aterrorizado:

– Dr. Inácio, este chico me vomitó toda la comida encima... No entiendo. ¡Se comió toda la comida y la vomitó toda de una sola vez! Sé que lo hizo a propósito... Vomitó y se rio a carcajadas... Es conveniente que le demos un tranquilizante. No sé qué está pasando, pero nunca he tenido las ganas de agredir a un paciente en la forma que tuve para atacarlo; tengo la impresión que esto es lo que quería que hiciese. ¿Ya se imaginó? Quise estrangularlo... Casi me hipnotizó con la mirada...

Calmando al compañero, después de haberse bañado en mi casa, alrededor de las 7, subí al Sanatorio, donde se reunía un grupo de amigos para la reunión de desobsesión... este miércoles.

2.–
EL ESPÍRITU OBSESOR

Después de leer un breve fragmento de *"El Evangelio según el Espiritismo"*, elegido a propósito por mí, en ese pasaje del muchacho loco que su padre le había presentado a Jesús, Manoel Roberto rezó la oración de apertura y dio comienzo a la sesión.

Doña Modesta en el tardó en entrar en trance. Noté que, en especial, aquel miércoles, ella estaba más preocupado, en realidad, como todos los demás en el Sanatorio. La presencia de este joven, si bien nos inspiraba piedad, también nos inquietaba.

En el salón en la penumbra, de repente, doña Modesta – médium de excelente capacidad psicofónica, sumamente disciplinada – lanzó el cuerpo hacia atrás y tuvo que ser amparada por mí, para que la cabeza no golpeara el suelo. Arqueando el pecho y las manos apretadas, como si hubiera intentado controlarse, la médium propinó un estruendoso puñetazo en la mesa y comenzó a reírse a carcajadas; aquella risa burlona y de ironía resonó por todo el Sanatorio… Afirmando el pensamiento, pedí la asistencia de los mentores espirituales que nos asistían en aquella casa, a través de sus anónimos enviados; rogué la intercesión del Dr. Bezerra de Menezes, Eurípedes Barsanulfo, Bittencourt Sampaio...

Volteándose hacia mí, que me había puesto de su lado, facilitándome la tarea de adoctrinamiento, la médium comenzó a hablar con voz masculina:

– ¡Perro inmundo...! Entonces, ¿ustedes creen que podrán hacer algo contra mí...? Están equivocados. Este niño es mío, me pertenece... ¡Quiero terminar con todos! No se entrometan. Yo no era así, pero me especialicé en la tarea de odiar... También los conozco desde hace mucho tiempo; ahora vinieron a esconderse a Brasil, ¿no? Hablan de Jesucristo, pero no era así... Tú y esta perra no valen nada; ustedes también tienen la culpa...

Tratando de interferir, murmuré algunas palabras, que pronto fueron rechazadas por esta entidad, que, hasta ese momento., no se había identificado.

– ¡Cállate...! – Gritó a través de la médium, con su rostro transfigurado –. No me hables de amor, de perdón... ¡Todo es mentira! Ustedes son unos hipócritas... Yo los conozco muy bien. ¡Moralistas infames! Siempre dominando, ¿no es así? Pero antes que acabe contigo, acabaré con esos dos... ¡Donde vine a encontrarlos...! Tan lejos de casa... Seguro que pensaron que eso me engañaría. Yo los seguiría hasta el fin del mundo. Tengo una nariz extraordinaria... Puedo oler a un enemigo al otro lado del hemisferio...

– Hermano, déjame hablar – argumenté, disfrutando de unos segundos de silencio del espíritu que se retorcía –. Vamos a entendernos conversando... El odio hace sufrir, hace sufrir a quien es objeto de sus vibraciones enfermizas, pero hace sufrir mucho más a quien lo secreta en sus entrañas... Jesús tiene razón: ¡solo el perdón libera...! Necesitamos el perdón recíproco por nuestras faltas. No sé de lo que estás hablando, no lo recuerdo, pero reconozco que debo haberme equivocado mucho.

– Reconocimiento tardío... – respondió la entidad, llevándose la mano al pecho, como si estuviera sosteniendo un crucifijo. Pero mi asunto no es con ustedes, mi mayor deseo es arrasar con aquellos dos... Ya diezmé casi todo el rebaño de aquella hacienda. ¿Ustedes creen que no lo sé? Yo "traje" la fiebre aftosa para el ganado y voy a envenenar esas aguas... He estado tratando de quemar esta casa, he estado tratando de poner serpientes de cascabel en ella...! ¡Los quiero de vuelta aquí...! Especialmente a esos dos...

– ¿Quién eres tú, dime? – Insistí, tratando de interesarlo en el diálogo que no me permitía entablar.

– Curioso, ¿eh...? ¿No dicen que son médiums...? ¡Adivinen! – Respondió, permitiéndome unos minutos de conversación.

– No puedo verte, hermano mío – No soy dotado de clarividencia – pero, intuitivamente, casi podría delinear sus facciones... sin embargo, tengo casi certeza de la sotana que vistes...

Cuando me referí al hábito religioso que, en realidad, por intuición, percibía que vestía, el espíritu soltó un aullido y, de nuevo, golpeó la mesa:

– ¡Cierra la boca, hijo de Satanás...! Me pongo esta ropa, porque no tengo otra; ustedes tienen espías por todas partes, nosotros también los tenemos, estamos infiltrados en su movimiento, en esta burla de religión que llaman

Espiritismo... Ahí está nuestra gente... Todos ustedes están vestidos con batas ¿Es esto un convento o un lupanar? ¿Cuándo va a comenzar la orgía? Hospital, sanatorio, casa de oración, ¡qué nada...! Estos pabellones, estos enfermos, verdaderos zombis dominados por ustedes... ¿Locos? No me digan, sería un verdadero escándalo... Sexo y poder – es solo con lo que ustedes se preocupan.

Haciendo una pausa rápida, mientras yo me ocupaba con la psicófona, que exhibía visible desgaste, la entidad habló en retirada:

– ¡Ríndanse...! Primero, voy a acabar con esos dos; después acabaré con ustedes... Tengo muchos aliados para reducir esto a un montón de escombros. Nubes oscuras se elevan sobre esta construcción; tenemos gente viviendo aquí incluso dentro de los muros... ¿Ustedes ya escucharon hablar de los muertos emparejados? Ustedes no saben nada... Intelectuales de superficie, pobres de espíritu.

Cerca de treinta minutos ya habían pasado. Doña María Modesta trató de recomponerse, enjuagando la frente sudorosa y tomar un trago de agua. Percibí su gran aflicción, el ritmo cardíaco irregular, que, poco a poco, fue cediendo su lugar a la tranquilidad. Con una ligera señal, pedí a Manoel Roberto que se aproximase y le transmitiese un pase, mientras concitaba a los demás integrantes del grupo a mantener el pensamiento en oración.

No tuvimos otras manifestaciones de espíritus enfermos aquella noche. Sin embargo, antes de la oración de cierre, en los minutos finales en los que reservábamos para la palabra de algún mentor, recibimos la cariñosa y como siempre, la visita providencial a Bittencourt Sampaio. Con el rostro renovado, doña Modesta se levantó y comenzó a decir, con la intención visible que aquellas primeras palabras, pronunciadas a modo de saludo, despejaran el ambiente psíquico del lugar:

– ¡Que la paz de Cristo esté con todos ustedes...!

3.–
BITTENCOURT SAMPAIO

– Hermanos míos – prosiguió el Benefactor, impregnando de tranquilidad el ambiente –. No se preocupen demasiado. El hermano que se retiró hace un momento es un hijo de Dios en camino al arrepentimiento. Todos cometemos errores de los que, por desgracia, a veces tardamos mucho en despertar. Todo sentimiento de odio algún día dará paso al amor. No hay espíritu que se sustente en las vibraciones infelices de la rebeldía y la incredulidad... Más temprano o más tarde, todos buscaremos el divino redil, del que voluntariamente nos perdimos, en nuestros anhelos de realización personal. La ilusión es una locura que nos posee la mente; la ambición de poder es una enfermedad del alma; el placer desmesurado es un profundo abismo al que nos arrojamos... Sin embargo, estamos en camino, acabamos de comenzar el camino en la ascensión espiritual. Para nosotros, el Cristo sigue una luz de brillo lejano... Sin embargo, no nos desanimemos. Lentamente lograremos levantarnos del pantano de nuestros dolores...

Refiriéndose en particular al espíritu que

había estado con nosotros hace unos momentos, la venerable entidad explicó:

– Nuestro hermano es un compañero que minutos atrás estuviera allí, la venerable entidad explicó:

– Nuestro hermano es un compañero que ha sufrido mucho. Desafortunadamente, su condición mental no nos permite una mayor aproximación. Indirectamente conducido a esta casa, tratemos de ayudarlo La "Casa del Camino" en Jerusalén era un hospital para los enfermos de cuerpo y alma; en tierra los leprosos y paralíticos eran asistidos por la bondad de los Apóstoles: los dementes que vivían en las calles y los obsesores en general encontraron en el refugio de la caridad... En toda su bendita trayectoria en la Tierra, Jesús trató con espíritu obsesores; a cada paso lo vemos siendo interpelado por las entidades espirituales que vivían bajo el yugo de las tinieblas, espíritus que en inmensas legiones dominaban el planeta, poblándolo en su extensión física y espiritual, en dimensiones que se desplegaban más allá de sus límites de la materia grosera...

En nuestra peregrinación hemos tenido más errores que aciertos. Mayormente en el campo de la fe religiosa. Para nosotros, el Espiritismo representa actualmente una bendita oportunidad de redención. Si no lo aprovechamos de manera conveniente, honestamente no sabemos lo que nos espera. En el pasado, a través de sucesivas experiencias reencarnatorias, usábamos el nombre de Dios para dominar, nuestra intención no era elevar la Tierra al Reino de Dios, sino que en la medida de lo posible, hacerlo venir hasta nosotros, para que tuviésemos que renunciar a nuestros caprichos e intereses. El camino de la humildad y la renuncia siempre nos ha parecido demasiado sacrificado. Por eso predicamos la Buena Nueva con espada en mano... Las guerras más sangrientas que azotaron a la humanidad siempre estuvieron motivadas por la religión. Hay doctrinas que incluso hacen de la guerra un recurso divino, como si Dios pudiese aprobar la violencia bajo cualquier pretexto. Nos olvidamos del Señor, que prefirió la muerte ignominiosa en la cruz... Durante trescientos años, los cristianos aceptaron el martirio en los circos y en las hogueras del testimonio; sin embargo, contemporizando con el paganismo, perdieron el coraje de sacrificarse... De cuando en cuando, un espíritu iluminado se encarnaba en el mundo con el propósito de recordar los hombres malos el camino del cual se alejaron... El movimiento de las Cruzadas, la Inquisición – lágrimas que se acumularon sobre las lágrimas. Diríamos que, en este sentido, el karma del hombre permanece intocable, o sea, Dios, a través de las leyes que nos rigen, permanece a la expectativa de nuestro fortalecimiento espiritual para que nos podamos redimir de los nefastos crímenes que practicamos en nombre de la fe...

Ante el silencio que sucedió en aquella noche sin luna y sin estrellas, Bittencourt Sampaio prosiguió:

– Casi todos, hermanos míos, estamos vinculados a cuestiones religiosas desde tiempos inmemoriales, especialmente aquellos que, en cuerpo o fuera de él, nos encontramos actualmente ligados al Espiritismo. Contrariamente a lo que mucha gente imagina, no formamos parte del equipo de la Codificación con Allan Kardec, en Francia, en la década de 1857. Fuimos atraídos por el toque de reunión de las entidades angélicas que ultiman, en la Tierra, el advenimiento de la Nueva Era. Si nos valemos de la oportunidad sublime en este comienzo del tercer milenio de la civilización cristiana, seremos, ciertamente exiliados a otras esferas de purificación.

Tampoco pertenecemos a las falanges de espíritus que, en los primeros días del Evangelio, tomaron la decisión de seguir al Señor, escribiendo, con sus propias lágrimas, las más bellas epopeyas de amor en las que la humanidad sigue inspirándose. Más recientemente, hemos asumido la responsabilidad por el destino de la Iglesia Católica, guardiana de los principios cristianos, a la que comprometimos con nuestros intereses excusos. Tramamos la caída de muchos papas, sobornamos a los copiadores de las Sagradas Escrituras, especialmente de las páginas del Nuevo Testamento... Imitamos a Teodora, la esposa del emperador Justiniano que, en el Concilio II de Constantinopla, en el año 553, influenció al emperador para que la creencia en la reencarnación, fuese removida de los dogmas de la Iglesia, la cual, hasta entonces era reencarnacionista; distorsionamos e hicimos sumergirse en el olvido las palabras de Orígenes, discípulo de Clemente de Alejandría, que afirmaba la doctrina del karma y la palingenesia... mandamos la hoguera a espíritus de la envergadura moral de Giordano Bruno, de Jan Huss, de Girólamo Savanarola y tantos otros corrompimos, amenazando de muerte, para que el pueblo, permaneciendo ignorante, se sometiera a sus caprichos. Conspirando contra la fe de los demás, terminamos incrédulos y nos hemos equivocado al margen de los caminos del inmediatismo.

Sin la intención de entrar en detalles que, en realidad, no nos corroborarían, sumergidos en el velo del olvido, Bittencourt Sampaio finalizó el discurso que tanto nos había impresionado:

– Este joven, acogido en esta casa por la misericordia del Señor, está siendo utilizado como instrumento de venganza por el espíritu que dedica un arraigado sentimiento de rencor a sus padres. Esperemos que en nuestras próximas reuniones él mismo decline sus propósitos; sin embargo, convenzámonos de una vez por todas que, sin la renovación íntima de las supuestas víctimas de cualquier proceso obsesivo, sus verdugos no se sienten dispuestos al más mínimo cambio. ¡Oremos para que las bendiciones del Maestro Nazareno nos ayuden en el servicio de auto superación, posibilitándonos el perdón recíproco, en la indispensable iniciativa de reparar, unos frente a otros, los errores que hemos cometido...!

4.–
LA PAREJA DE VISITANTES

Luego de La tarea semanal de los miércoles en el Sanatorio, doña Modesta, Manoel Roberto y yo decidimos ver cómo estaba el muchacho que sus padres habían confiado a nuestro cuidado. Más de la nueve de la noche, para nuestra sorpresa, lo encontramos en un sueño profundo y tranquilo. Él se había mostrado inquieto todo el día. Roncaba sobre un colchón en la habitación que habíamos adaptado para acomodar a pacientes demasiado agresivos.

Mirándome, la dedicada médium observó:

– Ignacio, creo que ahora lo puedes desatar; creo que todo mejorará un poco...

Pidiendo ayuda a Manoel Roberto, soltamos al joven, que tenía todo el cuerpo vivo, especialmente los brazos, de tanto tensar la cuerda de bacalao, en un intento de liberarse. Retirándole su camisa, también observamos varios hematomas en la espalda y en el tórax... Durante la crisis que lo asolaban, el muchacho se lanzaba contra la pared y, para dominarlo, su padre y los peones de los alrededores tenían que emplear la fuerza.

Mientras la enfermera de turno le preparaba el café, fuimos a la cocina y empezamos a conversar.

– Dr. Inácio – dijo Manoel Roberto –, ¡estoy impresionado! Hemos estado juntos durante tantos años, lidiando con casos similares de obsesión, pero...

– Sé lo que quieres decidir – interrumpí al amigo, que en realidad parecía preocupado –. Yo también estoy encontrando todo esto muy extraño, el espíritu obsesivo que tiene parece tener un cariño muy especial por este chico... Su odio, en mi opinión, está más centrado en sus padres... Esperemos, la pareja llega el viernes. Tendremos un careo. Sin embargo, aun no pude hablar bien con el Sr. Juliano y ni conozco a doña María de los Dolores.

– Ignacio – comentó doña Modesta, ayudándonos a servirnos un café que, en cierto modo, reponía las energías gastadas en la reunión –, mientras el espíritu se manifestaba a través de mí, tuve visiones extrañas: había muchas hogueras seguidas... y personas estaban siendo quemadas... Todo estaba muy oscuros, escuché palabras de anatema, pero sabía que los que ardían en esos fuegos habían sido condenados por herejía... Observa formas negras que se movían. Fue una sensación de angustia y miedo. No sé, pero creo que estábamos en la Edad Media; sin embargo, aun siento la aflicción de los condenados a muerte...

Doña Modesta, médium experimentada, nuestra consejera espiritual en este hospital, tenía las manos temblorosas. Manoel Roberto preocupado, ella emocionalmente abatida y yo, confieso, me sentí intranquilo como si algo fuera a pasar.

Para tranquilizar a mis amigos, observen con calma:

– Están impresionado por nada... Mañana será otro día. Hasta parece que ustedes no están acostumbrados a estas cosas. Nada que un buen sueño no pueda resolver. Vámonos, que ya son más de las diez... Mañana, muy temprano, Manoel Roberto tiene que bañar a este grupo.

Viéndome encender un cigarrillo, hábito que nunca pude dejar y que me llevaría a un cuadro de enfisema pulmonar, doña Modesta me advirtió:

– Inácio, tienes que dejar de fumar. De nada sirve la boquilla. Estás absorbiendo la nicotina de la misma manera... Escuché que estás tosiendo con frecuencia. Recuerda que esto también es suicidio...

– Tienes razón – respondí, entre una bocanada y otra –, pero de los muchos otros vicios que tenía, este es el único que conservo... El cigarrillo, me ayuda a pensar. Me imagino que en otra encarnación conseguiré superarlo. Me quedo solo en casa, mirando mis libros y pensando en ideas para mis artículos. Esta semana el obispo nos dio duro. Necesito responder a la altura... "La Llama Espírita" sale la próxima semana. Estoy pensando en tocar el asunto de la Inquisición y transcribir algunos párrafos del libro "El Pantano Sagrado", del libro de Doca, Orlando Ferreira, incautado, aun en el encuadernador, por la autoridad judicial, a petición del entonces obispo diocesano al final de los años 40's, y luego, animado por este buen éxito, consiguió meterlo en la cárcel, bajo la acusación de escribirle cartas anónimas y obtener una confesión y retractación pública por parte de la prensa local

Nos despedimos y nos fuimos. En aquella noche, me costó dormir. Llegando a casa, después de alimentar a mis gatos, fui a la biblioteca, encendí otro cigarrillo y me puse a meditar, mirando estos libros en fila, algunos en ediciones muy raras, obras condenadas por la Iglesia, que el clero había ordenado recuperar y quemar. Levantándome de mi sillón, tomé un pequeño libro con tapa negra en el estante, uno de mis favoritos titulado "El Papa Negro." Lo hojeé y me detuve en el pasaje en que los clérigos de la Inquisición, en España, obtenían en los confesionarios los nombres de los que se oponían a los dogmas católicos; la Inquisición había pervertido sus objetivos: los problemas personales se resolvían con el pretexto de despojar a la fe católica de las herejías de los judíos, musulmanes, en fin, de todos aquellos que representaban una amenaza para la hegemonía de la Iglesia. Cerrando los ojos, en medio del humo del cigarro en espirales, me pregunté por dónde andarían, después de la muerte, aquellos espíritus responsables de tantos horrores: Ignacio de Loyola, Domingo de Guzmán y su discípulo Pietro Da Verona, Tomás de Torquemada y Francisco Jiménez de Cisneros...

El viernes, un poco antes del almuerzo, llegó la pareja de hacendados del Capão–da–Onça, municipio local llamado oficialmente Rufmópolis. Nos saludamos y, desde el primer momento, percibí que la madre del muchacho internado en el hospital era rara... A pesar del calor, usaba un vestido de manga larga y se cubría la espalda con un chalé oscuro. Se sentía incómoda en mi oficina; miraba los cuadros de las paredes y tenía una gran crucifijo en la mano...

–Dr. Inácio – dijo el Sr. Juliano, tomando la iniciativa en el diálogo –, ella es María de los Dolores, madre de mi hijo. Como le dije, somos católicos. María de los Dolores no está de acuerdo con la presencia de Paulito aquí, pero no teníamos alternativa; llevarlo a otro hospital fuera del estado es muy costoso y estamos viviendo un problema grave con la mortandad del ganado en la hacienda...

Extendí la mano a esta señora y al saludarla, noté que su diestra estaba completamente congelada. Tuve la impresión que mi mano había tocado un cadáver.

– Señora, siéntase como en casa – observé desconcertado.

5.–
MARÍA DE LOS DOLORES

– No, usted me disculpe, pero me puedo sentir cómoda en este ambiente – contestó la mujer, ante mi asombro y el de su esposo, quien trató de calmarse:

– María de los Dolores, contente. El doctor nos está haciendo un favor; es espírita, pero eres un buen hombre... Fue la comadre Gertrudis quien nos recomendó este hospital. Hay mucha gente hospitalizada aquí...

Transfigurándose, la mujer, de porte esbelto, levantó la cabeza y habló a su marido como si se dirigiera a un vasallo:

– Juliano, no te metas. Te conozco desde hace mucho tiempo. Hubiera sido mejor escuchar el consejo de mis padres y nunca haberme casado contigo... No estoy de acuerdo con la hospitalización de mi hijo en esta casa de locos. Esto es un hospicio... ¡No creo en el Espiritismo! Eso es obra del diablo... ¿Dónde ya se vio una cosa de éstas?

– Mi señora – reflexioné, tratando de evitar que la discusión se agravase –, no se preocupe innecesariamente; el chico está mejor... Aquí trabajamos en la conversión de nadie. Soy, en efecto, espírita, pero también soy médico. Contrólese. Estamos comprometidos a curar a su hijo. Por lo que parece, él no tiene un problema mental. Desde el miércoles, ha sido más tranquilo.

– ¡¿Miércoles...?! ¿Qué pasó el miércoles...? – Preguntó con los ojos muy abiertos.

– Es el día de nuestra reunión de oración y tenemos nuestros contactos con el mundo de los espíritus... Se manifestó un espíritu enemigo de la familia, estamos hablando con él, pero todo depende del tiempo... La experiencia me ha enseñado que el equilibrio de los pacientes depende básicamente de la implicación de la familia en el proceso terapéutico.

– ¡Contacto con el mundo de los espíritus...! Esto es brujería... ¡Ay, si fuese en otra época! El mundo está cambiado; los demonios andan sueltos por la Tierra... Ustedes, doctores, si creen en Dios, ¿no?

Y, mirando cuadros en la pared, preguntó, poniéndose de pie y señalando con el dedo un cuadro del Dr. Bezerra de Menezes:

– ¿Quién es el barbudo?, ¿Algún opositor a la Santa Madre Iglesia...? Ustedes espíritas son todos raros...
¿Dónde está Paulito? Quiero ver a mi hijo, ya...!

– Doctor, lo siento – se encogió de hombros avergonzado. – Mi mujer es así... No sé qué hacer. Sus temas están todos así... Me costó convencerla que viniera.

Haciéndole una pequeña señal para que no se preocupara, pensé que el lugar de esta señora, lamentablemente, también sería el Sanatorio. Estaba completamente alterada, era imposible dialogar con ella...

– Quiero a mi hijo... ¿Dónde está mi hijo? ¡Fue el barbudo, ¿no?! Sí lo fue, el barbudo de la foto... Ya lo he visto en mis sueños... ¡Juliano, vámonos...! – Repitió la infeliz, sin siquiera derramar una sola lágrima. Se veía, sin dificultad, que doña María de los Dolores estaba bajo tremenda influencia espiritual. De nada serviría ofrecerle un pase u obligarla a tomar algún medicamento.

Habiendo tenido que hablar con un poco más de energía, afirmé:

– Veamos al chico primero... Usted podrá ver que está bien ¡Nosotros no somos criminales, hermana mía! Este lugar es una casa de caridad, y usted hágame el favor de moderar sus palabras...

Había aprendido por experiencia que, en algunos casos, el rigor funcionaba, tanto con los obsesionados como con los obsesores. La autoridad moral en las palabras tuvo un efecto calmante. Jesús había expulsado a los cambistas del templo y ninguno de ellos tuvo el coraje de oponerse a la indignación; en varias ocasiones, el Maestro se dirigiera con vehemencia a los espíritus perturbadores, ordenándoles que se callen...

Conduciendo a la pareja a través de un amplio pasillo, haciéndome acompañar, como siempre, de Manoel Roberto, llegamos a la habitación del chico que, más tranquilo, estaba sentado en la cama. Pero tan pronto como vio a su madre, comenzó a gritar:

– ¡Saquen a esa mujer de aquí...! ¡Traidora...! ¡Vagabunda...! La voy a matar... No la perdono... Te tengo un odio mortal. ¡Fuera de aquí...! ¡Te quiero de este lado! ¡Me las pagarás...! Con tu marido, no es tanto – ¡este idiota! – pero contigo... ¡Quiero estrangularte con las manos de tu propio hijo que pariste, so (...)! ¡Estoy preparando todo!

El joven se agitara del tal manera que, si Manoel Roberto no lo hubiera sujetado, habría estrangulado a su madre ante nuestros ojos; él había saltado sobre ella como un felino... En una fracción de segundo, el trance había sucedido. Totalmente fuera de sí, con esa misma voz que ya estaba aprendiendo a identificar, había atacado a su madre, ante la pasividad casi total de su padre.

De ser así, los tres tendrían que permanecer hospitalizados, padre, madre e hijo. Sin embargo, nos habían buscado en el Sanatorio para brindar asistencia médico–espiritual solo al hijo.

María de los Dolores estaba tan asustada que se quedó muda hasta el momento en que nos despedimos de aquella pareja de hacendados, haciéndoles la siguiente recomendación:

– Vuelvan en quince días... Me gustaría que en dos semanas tuviéramos más tiempo para conversar por separado. Aunque no lo crean, la influencia espiritual en el caso de su hijo es evidente.

– Doctor, no tenemos a nadie más a quien recurrir – explicó el Sr. Juliano, ante la insensibilidad de su mujer, que me pareció anestesiada –. Perdóneme por el incidente... Pensé que mi hijo mejoraría con algún medicamento, pero veo que, lamentablemente, su caso es más difícil... Ni siquiera puedo trabajar. Las Dolores de esta manera, reza todo el día frente a un pequeño oratorio que tenemos en casa...

– ¡Vayan con Dios...! – Dije, viendo partir a la pareja, sin que yo pudiera hacer nada de inmediato para aliviar sus sufrimientos.

6.–
ENCUENTRO PROVIDENCIAL

A principios de la semana siguiente recibí en mi casa la siempre cordial visita del Dr. Odilón Fernández. Militante, en sus actividades doctrinales, en la "Casa do Cinza", institución fundada por él, en memoria del Sr. Ludovice Fernandes, su padre, Odilon fue un compañero dinámico; la tarea que desempeñó en Uberaba, en el campo social, hizo excelente propaganda del Espiritismo, ya que no vaciló, en público, en confesar su fe...

– Dr. Ignacio, ¿cómo estás? – Me dijo cuando abrí la puerta de mi residencia, poniendo una amplia sonrisa en su rostro –. ¡Hace cuánto tiempo…! ¡Hasta parece que no vivimos en la misma ciudad!

– Bueno, Odilon – respondí con aire de suficiencia –, nuestros espíritus se han encontrado por ahí... No sé por ´dónde va el tuyo cuando duermes, pero el mío está por ahí. Por favor vamos a entrar. Es un honor recibirte en mi casa.

Recorriendo con la mirada los libros de los estantes, comentó:

– El clero daría una fortuna por algunas de las obras que tienes aquí...

– Eso lo sé, Odilon, pero, ya sabes, yo no vendo y no presto; libro que tomamos prestado por lo general no regresa...

– ¿Cómo van las cosas en el Sanatorio, mucho trabajo? No sé cómo haces para conciliar tantas cosas...

– Va más o menos – respondí, sintiéndome completamente a gusto con él –. Los espíritus de las tinieblas no nos han dado tregua: problema tras problema. Me gustaría tener un médico de confianza que me ayude, para tener un poco más de tiempo para escribir, pero nadie quiere nada con la carencia de dinero. Las cosas van mejorando, la persecución a la Iglesia ya no es tan feroz, sin embargo el prejuicio aun tardará mucho en extinguirse...

Mientras tomaba un cigarrillo de hoja del cajón de mi escritorio, que me gustaba disfrutar cuando hablaba con amigos, pregunté, en el diálogo que continuaba sin interrupción:

– Y allá en la "Cinza", ¿cómo están las cosas? ¿Mucho trabajo con los médiums? El médium espírita necesita ser golpeado. Si no le dan duro, no cumple con la obligación...

– La lucha no se detiene, lo sabes. Toda la semana tengo que estar atrás... No me quejo, pero ciertos médiums están tan perturbados que deberían vivir dentro del Centro. Paso a recoger un grupo para la reunión de desobsesión; llego justo a tiempo y encima tengo que esperar... Y me avergüenzo de todos modos: marido celoso de su esposa; hijo llorando, no queriendo que la madre vaya al Centro; el vecino que llego de visita...

– Tienes mucha paciencia, Odilon. Si fuera yo, las cosas serían diferentes... No estoy de acuerdo contigo en esta historia de recoger al médium en su casa...

– Pero si no es así, doctor, no hay reunión. Tengo pena, porque médium sufre mucho; los espíritus obsesores hacen con ellos lo que quieren... Ya he ido tras un médium que al verme salía corriendo por las calles...

Haciendo una pequeña pausa, incapaz de quitarme de la cabeza el caso de esa familia de Capão–da–Onça, pregunté:

– ¿Y los sacerdotes desencarnados han aparecido por allá...?

– Mira, es asombroso; tengo la impresión que el clero desencarnado está por todo sobre Uberaba... No hay una sola sesión en la que no aparezca un sacerdote dando un tremendo trabajo – sacerdote y pastor protestante... Citan la Biblia, dicen que van a acabar con nosotros, que estamos practicando la herejía... Algunos se identifican. La semana pasada, un sacerdote desencarnado en Uberaba, párroco de una de las iglesias de la ciudad, afirmó que, de hecho, existe una falange de sacerdotes y monjas actuando sobre los espíritas, inclusive llegó a decir que sus esfuerzos se centran actualmente sobre esta región del Triángulo Mineiro...

– En el Sanatorio también han asistido regularmente, haciendo amenazas y más amenazas...

Doña Modesta es una médium que recibe con mucha facilidad. Desde la época de Eurípedes Barsanulfo, en

Sacramento, después del año 1906, las cosas están en pie de guerra; me imagino que la confusión en el mundo espiritual debe ser grande... Cairbar Schutel peleó en Matão; Jerónimo Candinho en Palmelo; Sinhô Maríano en Santa María... Y, con la llegada de Chico Xavier aquí, en 1959, las cosas empeoraron mucho más – si la región ha sido el foco de la Luz, también ha sido el blanco preferido de las Tinieblas...

– Son los médiums los que pagan el precio, doctor.

Hace unas semanas – y este es el motivo de mi visita de hoy, además, por supuesto, de la alegría de tomar un café juntos –, obtuvimos una revelación en "Casa do Cinza." Expresándose a través de una de nuestras médiums de mayor confianza, Frederico Peiró, que como sabemos era español, nos advirtió de la presencia espiritual de muchos inquisidores del pasado, espíritus que, hasta el día de hoy, no han podido obtener la bendición de reencarnación... en España estarían por aquí.

– Y, los espíritus también migran; de acuerdo con sus intereses van migrando, casi siempre atraídos por afectos reencarnados o por lo que contradice sus planes de poder... Esas regiones espirituales de España y Francia deben haber sido evacuadas; habiendo logrado allí su propósito; es decir, perjudicar el avance de la Doctrina, ahora vienen aquí, terreno fértil para ellos, con tantas iglesias y monasterios. Ni siquiera sé cómo el Espiritismo logró implantarse aquí; no es de extrañar que los médiums, al principio, tuvieran que trabajar completamente inconscientes...

– El espíritu sopla donde quiere, ¿no es así, Dr. Inácio?

– ¿Has leído, Odilon, ese libro de don José Amigo y Pelicer, *Roma y el Evangelio*?

– Lo he leído y es uno de mis favoritos. Esa obra es un libelo contra los que se oponen a las manifestaciones mediúmnicas – un grupo de sacerdotes que se juntaron para experimentar con la mediumnidad terminaron convenciéndose de las realidades del más allá de la tumba...

– Casi al mismo tiempo, solo que en el campo de las Ciencias le pasó lo mismo a William Crookes en Londres...

7.–
CONVERSACIÓN PROVECHOSA

El tiempo había pasado rápido y Odilon miró su reloj.

– Dr. Inácio, la conversación es genial, pero necesito llegar a casa, ver cómo están Dalva y los chicos...

– Bueno, Odilon – argumenté, queriendo abrazar a mi amigo unos instantes más – las obligaciones del espíritu encarnado son múltiples. Sinceramente, no sé cómo haces para conciliar también cosas – clases en la Facultad de Odontología, el Instituto de Ciegos, la Casa do Cinza, la familia, las reuniones de Masonería...

– Es dicho es cierto: "Un carro apretado canta..." No podemos tener tiempos ociosos, ¿estás de acuerdo? Es lo que yo vivo diciéndoles a los médiums, cabeza desocupada, nido de obsesión. Los médiums necesitan estudiar más y abrazar el servicio con amor. El ejercicio de la mediumnidad con Jesús es el punto de equilibrio en nuestra perturbación.

– Quiero agradecerte tu visita, Odilon. Lo que tú me hablaste de las sesiones en la "Casa do Cinza" vino al encuentro de mi pensamiento. Sé que estás de salida, pero estamos ahí en el Sanatorio con el caso de un niño que me tiene preocupado. El chico está sufriendo mucho; llegó todo amarrado, conducido por su padre, un hacendado de los alrededores de Capão–da–Onça, pero por lo que sentí la semana pasada, cuando sus padres lo visitaban, el mayor problema del obsesor es con su madre, doña María de los Dolores. Paulito – así lo trata su familia – estaba bien, pero cuando vio a su madre, quedó completamente trastornado... Maldijo, quería estrangularla. ¡Todo muy extraño!

– Y doña María Modesta, ¿qué ha dicho al respecto?

– Todavía no hemos tenido tiempo para una conversación específica. Modesta es una médium muy reservada, pero sufrió en la reunión del miércoles pasado, cuando el espíritu obsesivo se manifestó a través de ella. El espíritu no permitía el diálogo, hablaba con una autoridad impresionante. Sabes, no veo ni escucho nada, en términos de mediumnidad, estoy completamente vacío, pero tengo algunas premoniciones que aun no he podido definir. Para mí, no es un obsesor cualquiera; tengo la impresión que la trama que involucra a esa familia viene de lejos...

– Y el chico, ¿está tomando medicina?

– Por ahora, Manoel Roberto solo le está dando un tranquilizante, para que duerma un poco más relajado; el chico tiene un apetito extraordinario: parece comer por dos o tres...

– ¿Ellos estuvieron con la banda de João Urzedo, en Capão–da–Onça?

– Parece que no. Son católicos fanáticos, sobre todo la madre, que hasta tiene un oratorio dentro de casa y, según su marido, se la pasa todo el día casi de rodillas... ¿Quieres saber algo, Odilon? Los mejores médiums son aquellos que están obsesados ¿No crees que la mujer implicó con el retrato del Dr. Bezerra de Menezes? Esta gente huele quién es espírita...

– ¿No recuerdas aquel pasaje de la obsesado gadareno? Ese hombre, que vivía en las tumbas de un cementerio, salió corriendo al encuentro de Jesús, que pasaba por la región; los espíritus que lo poseían identificaron al Maestro desde lejos... Aquel hombre perturbado nunca había estado con Él y, en absoluto, no sabía quién era...

– Es impresionante – observé, recordando el pasaje del Evangelio citado por Odilon –. Si de hecho estos Inquisidores están por aquí, estamos fritos – bromeé –, literalmente fritos...

– No ha pasado tanto tiempo... En el siglo pasado, las obras de Allan Kardec fueron quemadas en Barcelona y solemnemente sus cenizas fueron recogidas...

– Dicen que ese obispo ya se ha reencarnado. ¿Será cierto...? Por lo que he escuchado el boquita, anda por Uberaba...

– Con mayor razón, Dr. Inácio, para que creamos que los espíritus de los inquisidores están sobre nuestras cabezas... Diferentes lenguas de fuego, ¿no?

Entre sonrisas, nos despedimos. La visita del Dr. Odilon Fernandes esa tarde, casi el lunes por la noche, me había hecho mucho bien. De hecho, aparte de mis pacientes, mis libros y mis gatos, casi no tenía con quién conversar.

Volví a entrar en la oficina, una gran sala que también servía de biblioteca y consultorio médico, descansé mi cuerpo en la silla giratoria, volví a encender el cigarro de hoja y acaricié a un siamés encantador que había buscado la comodidad de mi regazo. Sobre la mesa, la escultura de una calavera me sonreía, mostrando todos sus dientes...

– ¡Dios mío! – reflexioné en silencio –, ¡la vida es tan simple...! ¿Por qué la complicamos tanto? Extendí la mirada y vi, colgado en la pared de la despensa, un lienzo de un pintor desconocido, representando un campo de batalla... Cuerpos esparcidos en el suelo ensangrentado y Jesús, con el rostro triste, caminando entre ellos. A continuación, en el marco de la obra de arte anónima, una frase: *"Os dije que os amaseis..."* ¿Por qué tantos intereses en juego? ¿Por qué tanta ambición, si el final de todos nosotros sería el de mi escritorio, una calavera sonriente? Y algunos, como la mía son ciertamente desdentados...

Inmerso en estos pensamientos filosóficos, para los cuales no encontraría respuesta fuera de la reencarnación y la llamada Ley del karma, fui a la cocina, abrí una lata de sardinas y le di de comer al gato siamés; sin embargo, atraídos por el fuerte olor a pescado, pronto varios otros gatos descendieron de las paredes y techos y se acercaron maullando, disputándome con mi gato favorito el sabroso e inesperado manjar de aquella tarde. Se produjo un desastre en la cocina y tuve que sacar todo.

– ¡Oh, ya sé! – Dije en voz alta, como uno de esos pacientes del Sanatorio que hablaban solos en los pasillos –, el drama de la Humanidad se reduce a esto: ¡una lata de sardinas...!

Me duché, me cambié, me puse un perfume francés para disimular el olor a cigarrillo, arranqué el coche en el garaje y fui a hacer una visita rápida a los enfermos antes de dirigirme a la reunión de esa noche en la logia masónica.

8.–
LA FUGA DE PAULITO

A la mañana siguiente, mientras se ocupaba de los preparativos para correr a los pacientes en los pabellones, Manoel Roberto llegó aterrorizado:

– Dr. Inácio – me dijo, casi sin aliento – ¡el chico se ha escapado! Mientras la criada cambiaba las sábanas, salió de la habitación, sin que nadie se diera cuenta. Parece que se evaporó... Ya hemos buscado por todas partes. Debe haber saltado el muro.

Ya estaba acostumbrado a tales escapes de ciertos pacientes. De repente, parecen volverse invisibles y desaparecer. Pero Paulito se estaba convirtiendo en un paciente especial. La suerte de ese chico me interesó...

– Ahora – comenté, dejando caer las fichas médicas con estrépito sobre la mesa –, ¡le estás dando munición gratis a los enemigos de la Doctrina! Si la noticia llega a la prensa, seremos destrozados... ¡Casi todos los meses se está fugando uno! No tengo tiempo ahora, ustedes busquen en los alrededores, en las casas vecinas, en medio de la mata…

– Lo peor, doctor, es que se fugó solo en calzoncillos… la camarera dijo que él se estaba preparando para bañarse…

– ¡Ustedes tienen que estar más alerta! – dije con algo de energía, porque mi noche no había sido una de un sueño tranquilo: soñé con llamas por todos los rincones del Sanatorio, hombres vestidos como si fueran frailes, y uno de ellos me señaló con el dedo con una sonrisa irónica en el rostro –. No puedo cuidar de los pacientes yo solo, a ustedes se les paga, y hasta bien pagados, para esto. La Iglesia nos está mirando; cada semana hay un ataque... Hace menos de un mes, una procesión, saliendo de la Catedral, se detuvo en frente a mi casa y rezaron el Credo. Fue una provocación. Ustedes me traen a ese muchacho aquí... ¡Si no aparece pronto, voy a poner gente en la calle!

Siempre había hecho mucho ruido... Cuando estaba caliente, el rastro de jaguar que hacía era temible, pero todos sabían que yo no tenía el coraje de dejar sin trabajo a un padre o a una madre.

Conociendo mi temperamento, Manoel Roberto salió y puso un pequeño equipo en busca del muchacho.

Casi mediodía, y nada. El cielo oscuro amenazó con hacer caer una tormenta en ese mes de enero. La gente estaba incluso sin almorzar, buscando a Paulito.

No sé, pero tengo la impresión que, en ciertos casos, los espíritus esconden a sus víctimas de las personas...

La verdad es que fuimos a encontrar al chico recién a eso de las cuatro de la tarde. Cuando estaba pensando en una manera de enviar un mensaje a la familia, Manoel Roberto anunció, aliviado:

– ¡Doctor, lo encontramos! No lo vas a creer... Todo el tiempo estuvo en la parte de atrás del Sanatorio y nadie lo vio; me escondí entre los árboles del huerto... ¡Estoy impresionado! Nunca había visto esto antes... Tienes que ir allí y ver lo que ha hecho.

Acompañando al diligente enfermero, que en otras circunstancias hubiera resuelto el asunto solo, fui a buscar a Paulito, semidesnudo, como si fuera un indio, con todo el cuerpo pintado de rojo... Ni siquiera sé si podré describir fielmente esa terrible situación. ¡El paciente simplemente había crucificado a un gatito...! Había clavado dos estacas de bambú en el suelo, le había atado las patas delanteras y traseras y había realizado una sesión de tortura... En su pecho, con los dedos, había dibujado un enorme cruz con un trozo de pintura que había encontrado en las paredes recién pintadas; para obtener el tono rosado, el pintor había mezclado blanco y rojo.

– ¿Qué es esto, hijo mío? – Pregunté, sin recibir respuesta alguna –. ¡Eso no se hace! ¡Pobrecito el animalito...! ¡¿Qué sucede contigo?!

Dejándose guiar pasivamente, llevé a Paulito al baño y, con la ayuda de Manoel Roberto, lo bañé bien. Lo que me molestó fue su silencio; pero mientras le servíamos unos bocadillos, lo escuché decir:

– Iba a sacarle los ojos y luego quemarlos, como había hecho con mucha gente... Sin derramamiento de sangre: ¡solo la hoguera!

Confieso que sentí un escalofrío recorrerme la espalda. La verdad es que aun no sabía que Paulito estuvo, todo el tiempo, incorporado a esa entidad, que no se identificó; por así decirlo, el espíritu "vivía" dentro de su cuerpo – cuando le agradaba, se manifestaba. Ese astuto obsesor nos engañó fácilmente.

Viendo el problema, observé, con la intención de ser oído más por el espíritu que por el muchacho:

– De nada sirve luchar contra el poder de la luz... El mal no prevalecerá sobre el bien. Reconsidera. Deja a este chico en paz. El tiempo ha pasado... Han pasado ya algunos siglos. Ya no estamos en la Edad Media...

Sonriendo con ironía, pero sin dignarse mirarme a los ojos, la entidad espiritual respondió:

– Eso es lo que piensas... Bien es sinónimo de sufrimiento; los buenos son masacrados por los poderosos... Lo que prevalece es la ley del más fuerte. No trates de adoctrinarme; de lo contrario te arrepentirás amargamente... ¡Lo prenderé fuego a todo! De la brasa de tu propio cigarrillo encenderé un fuego... Será una belleza ver a los locos que tienen aquí arder como antorchas vivas... Sin derramamiento de sangre – la Santo Madre Iglesia no lo quiere. En la cruz, solo la sangre de Cristo...

– Dime, hermano – aventuré la pregunta – ¿quién eres? ¿Qué viniste a hacer, tan lejos? La Inquisición no llegó a Brasil, ¡gracias a Dios! ¿Cómo acabaste en Capão–da–Onça...?

En ese momento, el niño abrió mucho los ojos y, con un fuerte acento español, pronunció unas palabras de excomunión. ¡El vaso de leche que estaba sobre la mesa se hizo añicos y el forro de tela inexplicablemente comenzó a incendiarse!

No había alternativa, llamé a Manoel Roberto y, a regañadientes, le pedí que inyectara al niño, con la mediumnidad de efectos físicos en la flor de la piel y totalmente fuera de control. Paulito ni siquiera llegó a probar la merienda de pan relleno de mozzarella.

9.–
SEGUNDA SESIÓN

Estaba frustrado. En esa segunda sesión mediúmnica no había aparecido el espíritu obsesivo de Paulito, me había preparado para enfrentarlo, había permanecido vigilante todo el día, esforzándome por no perder los estribos con nadie. Evoqué la inspiración de nuestros mentores espirituales...

Ese miércoles, Paulito había dormido todo el tiempo. ¿Había quedado medio aturdido el espíritu, bajo el efecto de la inyección del tranquilizante en el cuerpo del muchacho? Esta es una pregunta que hasta ahora no puedo responder. Yo digo que no dudo de nada: si no dudé antes, sumergido en las ilusiones de la materia grosera, mucho menos ahora en la condición de espíritu libre.

Tan pronto como comenzamos nuestra reunión mediúmnica de desobsesión de doña Modesta – por conveniencia, permítannos de ahora en adelante continuaré mencionando su nombre, cambiando la terminación o por a, como lo llamábamos, en la experiencia terrenal –, comenzó a desplegarse y comenzó a describir:

– Tengo la impresión que estoy retrocediendo en el tiempo... No sé dónde estoy. Todo está muy oscuro. Las sombras se mueven en procesión... ¿Estoy viendo una imagen de vida espiritual o es una imagen de algo que sucedió en la Tierra hace mucho tiempo? No sé. Unos cantan, otros lloran... Escucho chasquidos de látigos. ¿Francia o España...? Se abre una puerta. Entraré y veré qué está pasando. Son frailes dominicos, pero no puedo ver sus rostros, están encapuchados. Parece un tribunal armado dentro de la iglesia: el Tribunal del Santo Oficio. Diez personas están arrodilladas... Siete hombres y tres mujeres. Puedo registrar la acusación que pesa sobre ellos: conspiraron contra la fe católica y están siendo acusados de brujería. Una mujer está desesperada y grita: – "¡No, no, por favor...! Tengo dos niños pequeños... ¡Es mentira! No soy bruja... Yo ayudo a los enfermos que vienen a mi casa... ¡No a la hoguera...!" Doce hombres de perfil, todos con túnicas negras, levantan la mano derecha... condenado a muerte y la pena se cumplirá de inmediato. Nos fuimos. ¡Qué horror...! Es la noche más oscura que he visto. No sé si seré capaz de seguir el ritual macabro. Alguien grita: – ¡No se derrame sangre...! Los atan a postes con troncos empapados en resina. El silencio se hizo más largo. Se acerca una carreta. ¿Quién será ese hombre alto y esbelto? A su paso, todos se inclinan... Debe ser el Inquisidor Mayor. Una inmensa cruz de plata cuelga de su cuello... No puedo ver su rostro; solo los grandes ojos negros, que brillan en la oscuridad. Levanta la voz y dice: – "Que sirva de ejemplo... ¡Hoy serán estos diez, la próxima semana veinte más...! ¡Denuncia! La Iglesia es magnánima. ¡Los denunciantes serán recompensados...!"

Doña Modesta tenía los puños apretados bajo la mesa. La descripción de la escena, que les presento brevemente, parecía haberse transportado a la sala. Casi podía ver esas imágenes aterradoras en la pared de la sala donde tuvimos nuestra reunión mediúmnica. Tomando un respiro, la médium continuó:

– El carro, escoltado por soldados, ahora se retira. Nadie habla de perdón. El juicio de esas personas está concluido. Llevan los ignominiosos sambenitos, camisones que son, grabados con nombres injuriosos y figuras diabólicas, y estos infelices penitentes están siendo empujados en medio del populacho, que les abre paso. ¿Por qué, además de esa madre desesperada, nadie dijo nada más? Me acerco, ¡qué horror, Dios mío! A todos les perforaron los ojos y les quemaron la boca... Uno frente a cada poste, diez hombres se preparan con antorchas en las manos y, al mismo tiempo, encienden los fuegos. Olor a carne quemada... El cordón se deshizo y –asombrosamente – se acercó mucha gente; a recoger palos del suelo y más; estoy agotada... Me vi como una de esas mujeres; estaba segura que muchos médiums, supuestamente endemoniados, fueron quemados por la Inquisición... ¡Dios mío, no me extraña tanto sufrimiento por el que pasa la Humanidad! ¡Qué terrible karma contrajo...!

Doña Modesta guarda silencio. Está desgastada, y esa noche no aparece ningún benefactor espiritual. Manoel Roberto trae un poco de agua y, después de unos momentos más, la reunión llega a su fin.

Durante unos minutos permanecimos en silencio, sin ganas ni de levantarnos de las sillas. Cuando todo se calma, la abnegada médium comenta:

– Inácio, lo que pude describir no es ni la tercera parte de lo que vi y me di cuenta... Había mucha gente acusándolo: el miedo a morir en la hoguera inducía muchas denuncias falsas. ¡Era peor que lo que les pasó a los cristianos...! ¿Cómo pudo pasar eso, en nombre de la religión? Ahora entiendo que el Espiritismo apareció en el momento adecuado, si lo hubiese hecho antes, ¡Allan Kardec también habría ido a la hoguera...!

Sonriendo torpemente, observé:

– Sabes, Modesta: si pueden, nos quemarán hoy... Si hay un revés político en el país, estaremos fritos, repito, literalmente. La libertad religiosa todavía no está consolidado. Las cosas mejoraron, pero los vientos nuevos que soplan son brisas tímidas. Hay compañeros espíritas que desaprueban la masonería, pero la masonería es nuestra aliada. ¡¿Qué fuerza tenemos?! Somos una minoría y lo seguiremos siendo durante mucho tiempo. Las ansias del poder temporal es una cosa tremenda: nadie, con excepción de los espíritas de buena voluntad, está buscando el Reino de los Cielos; su negocio es aquí abajo... ¡no sé cómo no cierran el Sanatorio! Deben tener miedo de nuestros "hechizos..." ¡Los católicos no caminan por nuestra vereda, Modesta...!

10.–
OTRO DÍA

Paralelamente a mis actividades como Director Clínico del Sanatorio Espírita de Uberaba, que consumía la mayor parte de mi tiempo, atendía a algunos pacientes en mi consultorio privado, instalado en mi propia casa.

Consultando una hoja, a modo de agenda, encontré que, a eso de las diez de la mañana, recibiría la visita de un tal Sr. Felizardo, de Ribeirão Preto – Estado de São Paulo, para una consulta.

Faltando diez minutos, sonó el timbre, los gatos saltaron de la mesa, como si ya se hubieran acostumbrado a esa rutina. Yo mismo lo recibí en la puerta, lo saludé y, tratando de tranquilizarlo, comencé a hablar, sin referirme, al principio, al tema que lo había traído a mi oficina.

No era espírita, pero conocía la obra de algunos de los baluartes del Espiritismo en Ribeirão, como José Pappa, cohermano que, en nombre de la Doctrina, también resistía valientemente los constantes ataques del Clero.

Sin embargo, noté que mi paciente esa mañana estaba angustiado, incluso sudaba profusamente en la frente y las manos, que se secó con unos pañuelos que le había dado.

– Después de todo, amigo – le pregunté, anticipando su creciente angustia – , ¿qué te trae por Uberaba?

– Ni siquiera sé, doctor, por dónde empezar – respondió, con la voz casi ahogándose en su garganta.

Y empezó a contarme su drama, esperando que yo, como psiquiatra, tuviera alguna medicina para recetarle.

– Vine a buscarte, porque además de ser un médico de renombre, conozco tu condición de espírita... No soy católico, ni creo en los sacerdotes. Soy muy conocido en Ribeirão y no me gustaría que nadie más en esa ciudad supiera de mis conflictos. Estoy casado y muy felizmente casado; tengo tres hijos adolescentes y disfruto de una situación económica envidiable; crío ganado y tengo un ingenio azucarero. Mi familia es tradicional en la ciudad, mi abuelo era italiano, venido de Italia con inmigrantes, pero su padre, fallecido hace más de quince años, nació en Ribeirão.

El señor Felizardo estaba eligiendo el momento adecuado para decirme lo que lo hacía pensar en el suicidio; él estaba, digamos, sondeándome, con su ojo agudo, para ver hasta qué punto sería digno de su confianza.

Abrí el cajón del escritorio, encendí un cigarro – lo cual, hoy, para un médico, frente a su paciente, sería un comportamiento absurdo; sin embargo, reconozco, la irreverencia siempre ha sido parte de mi forma de ser; siempre odié las llamadas convenciones sociales, así que cuanto más me provocaban, más me emocionaba luchar en nombre de las minorías.

Después de casi veinte minutos de monólogo – esta era la parte de la medicina en la que no me interesaba escuchar a los pacientes como si fuera un sacerdote vestido de blanco –, el hacendado se reveló; sin embargo, debo decirles que en mi experiencia, tratando con personas de todo tipo durante años, hombres y mujeres, más o menos ya descifré la pregunta que lo atormentaba...

– Doctor, si me perdona – dijo, tapándose la cara con las manos y echando a llorar – pero, desde hace un tiempo, descubro en mi personalidad cierta inclinación homosexual... ¡¿Cómo puede ser eso, Doctor?! Nunca sentí algo así, antes de casarme frecuentaba las casas de mujeres... Esto es absurdo ¡un hombre casado como yo, padre de familia...!

De repente comencé a sentir una extraña atracción por un chico que trabaja conmigo en la finca, es un poco mayor que mi hijo Rodrigo, que tiene diecisiete años... Ya no soy capaz de relacionarme adecuadamente con mi esposa; he evitado... ¿Tienen un diagnóstico para mi caso? Si es necesario, seré admitido. De vuelta a Ribeirão, invento un largo viaje y vengo...

Para ahorrarles a los que están leyendo estas páginas, intentaré resumir la conversación que tuvimos a partir de ahí.

– ¿Has llegado, digamos, al final del camino con este joven? – Pregunté, con el fin de obtener una mejor evaluación.

– Prácticamente, sí...

– ¿Has pensado en enviarlo lejos de la granja, lejos de tu presencia?

– Sí, pero él es el sostén de la familia; su padre sirvió a mi padre; ahora es él quien sostiene a la madre enferma y, después, no tengo valor... Si hiciera tal acción, siento que terminaría persiguiéndolo.

– Hablaron abiertamente sobre el asunto.

– Hablamos, pero él siente lo mismo por mí; me dijo que está en mis manos, que no le interesa el matrimonio...

– ¿Te provoca?

– No nunca; soy yo, Doctor, que lo voy a buscar a la finca... Es un cariño extraño, ya casi no puedo quedarme en el pueblo...

Experimentando un cierto alivio con ese desahogo – creo que fui el primero en enterarme de sus intimidades –, Felizardo me preguntó:

– ¿Crees... como dicen realmente ustedes los espíritas – que es una obsesión...? ¿Crees que puedo ser víctima de una obsesión?

– De poder, puede ser… Los espíritus de las tinieblas siempre se están aprovechando de nuestras debilidades. Sí creo en una interferencia espiritual en este caso, pero la raíz del problema está en ti; somos tentados en aquello a lo que mostramos inclinación...

– ¿Y existe una cura para la obsesión, Doctor?

– Sí, perfectamente. Pero, antes de tratar al obsesor, debemos considerar el tratamiento del obsesionado...

– ¿Y en qué consiste ese tratamiento? ¿Alguna fórmula de medicamento? Si ese es el caso, mandaré traer la medicina desde el exterior; tengo un primo que vuela a los Estados Unidos todos los meses...

11.–
MI PACIENTE

– No, amigo – argumenté con mi paciente, que ya comenzaba a experimentar la impotencia que experimentan los médicos ante ciertos casos – , no existe una fórmula específica; podré recetarte algún medicamento que te aliviará, pero la curación lleva más tiempo...

Queriendo llegar al meollo del asunto, le hice la pregunta que importaba, como, además, la única pregunta que importa hacer a quienes se sienten víctimas de algún problema similar al que yo estaba expuesto:

– Felizardo, ¿de verdad quieres curarte? ¿De verdad quieres sacar a este chico de tu vida...?

La demora de poco más de un minuto en responder a las preguntas que le había formulado fue suficiente para desacreditar un resultado satisfactorio del caso.

Tartamudeando, con dificultad, el rico hacendado, replicó:

– Sí, yo necesito, tengo mi esposa – no nos llevamos muy bien, pero ella es mi esposa; tengo mis hijos...

– No, Felizardo, seamos honestos en enfrentar lo que pretendemos establecer con nosotros; sin sinceridad en la evaluación que hacemos de nosotros mismos, todo es una pérdida de tiempo...

Llorando más compulsivamente – y yo dejé que llorase abiertamente, mientras encendía otro cigarrillo –, ese hombre finalmente admitió:

– Tienes razón... Sigo huyendo de mí mismo. He sido así desde que era un niño... Cuando tenía catorce años, tuve un problema con un peón en la granja de mi padre. Me casé pensando que el matrimonio acabaría con mi pesadilla. Dígame, doctor, ¿qué puedo hacer? ¿Volarme los sesos...?

– Ni lo pienses, hijo mío. Tu espíritu vagaría durante muchos años en la oscuridad... ¿Y el trauma que infligirías – el terrible trauma psicológico que infligirías a tus hijos...? Nadie muere. La muerte es una ilusión que impide el progreso del espíritu.

– Pero, doctor – me dijo, desafiando mi habilidad –, ¿entonces no tiene una solución para mi caso? Dinero no es problema; dime cuánto cuesta. Te puedo pagar en dólares...

– No es una cuestión de dinero, Felizardo. ¡Así el dinero podría comprar la paz...! La Medicina no es capaz de lo que imaginas.

Señalando mis estantes, colecciones de libros de Psiquiatría, la mayoría de ellos en francés, observé:

– Estamos lejos de todas las respuestas... Por ahora, todo lo que tenemos son signos de interrogación. Desafortunadamente, desde el punto de vista médico, a lo sumo podría hablarte de desviación de personalidad, pero, lo admito, esto es muy vago. El sexo, Felizardo, es solo uno de tantos dramas humanos, y en mi opinión, no es el peor.

Dejando a un lado el bolígrafo y el talonario de recetas, le aconsejé:

– Creo que deberías tomar algunos pases, tratar de orar más seguido, con el fin de fortalecer la voluntad... ¿Por qué no frecuentas un Centro Espírita en Ribeirão? Eres rico: El Espiritismo lucha con mucha dificultad para mantener las obras sociales que desarrolla... Trata de sentirte más útil espiritualmente a los semejantes. Te seré honesto: tu caso no tiene una solución de la noche a la mañana; no voy a hospitalizarlo innecesariamente...

– Pero, ¿y si no puedo alejarme de Joaquim? – Me preguntó como alguien que tenía la intención visible de no alejarse...

– Entonces – le dije, tal vez en contra de la opinión de muchos cohermanos puritanos – por cierto, se me olvidó, hace unas líneas, mencionar también cuánto odié siempre la hipocresía de los fariseos, de los fariseos modernos vestidos como espíritas –, sería interesante para usted separarse de su esposa... Ella es joven y tal vez pueda rehacer su vida. La separación marital no anularía, frente a los hijos, su responsabilidad como padre amoroso. Aplazarías la solución del problema para otra vida. ¡Todo menos el suicidio...!

– Le confieso, Dr. Inácio – agregó Felizardo –, que Rosa María, mi mujer, nunca me aceptó muy bien en la cama, es buena ama de casa, buena madre, buena compañera, pero...

La hora tardía me hizo apresurar el final de la cita. El reloj de bolsillo, que consulté sin ceremonia, marcaba las once y quince minutos. Necesitaba almorzar e ir al

Sanatorio. Me esperaban otros dramas que se sumaban al mío: yo, que en existencias anteriores, según una revelación mediúmnica de la que no tenía dudas, había sido, en los salones parisinos, un *bon–vivant*.

Al salir, el hombre abrió una pequeña bolsa, contó unos cuantos dólares y los colocó sobre la mesa; reuniéndolos con mi mano izquierda, se los devolví con mi mano derecha.

– No resolví tu problema, Felizardo – le expliqué, preocupado que no se ofendiera –. No es justo que me pagues por la consulta... Haz una donación a una entidad espírita en Ribeirão y estaremos a mano.

Sorprendido, me di cuenta que mi último argumento era, sin duda, el más convincente.

– Sí, lo hizo, Dr. Inácio; en parte, lo resolviste...

Y, sacando de la misma bolsa de cuero negro un revólver con cachas de nácar, lo colocó sobre el escritorio, después de haber vaciado ante mis ojos el tambor.

– Al menos acepta este regalo de mi parte – pidió con sinceridad –. Sé que no necesitas un arma, pero de ahora en adelante, yo tampoco. Lo que pretendía hacer cuando me iría de aquí es caso cerrado. ¡Te debo mi vida...!

Él no me debía nada. No supe más sobre Felizardo. Más tarde, un amigo de Ribeirão Preto me informó que un rico dueño de un molino de los alrededores se había mudado a Paraguay.

12.–
LURDIÑA

Mientras almorzaba, se desató una fuerte tormenta que prácticamente inundó, como es habitual, las calles y avenidas centrales de la ciudad, lo que no me impidió arrancar el auto en el garaje, rumbo al Sanatorio.

En el primer puente que crucé disminuí la velocidad y, abriendo parcialmente la ventanilla del auto, lo suficiente como para mojar mi bata blanca de manga larga, arrojé el arma de nácar que aquel hombre me había confiado.

Murmuré algunas palabras objetables que se mezclaron con el estruendo del trueno y continué. Esa tarde sería mucho trabajo para mí, tendría que revisar todos los medicamentos que estaban usando los pacientes y hacer una inspección de la limpieza del hospital, especialmente en los baños que los internos convertían en inmundicia.

Me puse el estetoscopio alrededor del cuello, cogí mi portapapeles con mis escasas notas y caminé por el pasillo del pabellón de mujeres.

– Dr. Inácio, ¿cuándo vas a darme de alta? ¡Ya estoy completamente curada...!

Muchas habían estado allí durante meses y, francamente, no tenía mucha precisión para ellas. Sentí pena por esa situación. Algunas habían sido abandonados por sus compañeros; otros, desde la cuna, lucharon con las manifestaciones de la esquizofrenia... En todas ellas, observaba claramente el componente obsesivo en acción, pero ¿qué hacer?

Acercándome a una cama, Lurdiña, que estaba con nosotros desde hacía casi un año – había sido completamente olvidada por sus familiares, que ya no la visitaban –, me mostró una muñequita de trapo y, sonriendo, dijo:

– Mire, doctor, es mi hija... Nació esta noche. ¿No es hermosa...? La llamaré Alice. ¿Qué tal? ¿Te gusta?

– ¡Hermoso nombre, Lurdiña! Hermoso nombre para una hermosa hija como la tuya...

Llamé a la enfermera que estaba conmigo y le pedí que, en la primera oportunidad, Lurdiña se cortara el cabello y, de ser posible, se esmaltara las uñas. La vista de esas mujeres flacuchas siempre fue lo que más me molestó, la mayoría de ellas no tenían la iniciativa de salir al patio a tomar el sol de la mañana. Desde hace mucho tiempo, yo estaba necesitado de colaboradores médicos eficientes en el Sanatorio; sin embargo era difícil encontrar profesionales abnegados que no solo pensaran en llevarme ante la justicia, reclamando después lo que no les correspondía.

El caso de Lurdiña había sido esclarecido en una de nuestras reuniones mediúmnicas. A través de doña Modesta, los benefactores espirituales nos explicaron que, en su vida anterior, la paciente había tenido muchos abortos, ella había comenzado trabajando como partera y luego había tomado un camino diferente. Era común que Lurdiña tuviera que ser sedada, porque, en las crisis que se repetían con frecuencia, escuchaba a los niños llorar, gritar, desesperados:

– ¡Saca, saca a ese niño de la pared...! Está llorando y tendiendo los brazos hacia mí.

A veces, necesitábamos inmovilizar sus manos: sus uñas se rompían en su esfuerzo por cavar la pared con sus propias manos.

En mi concepción de médico y espírita, el aborto – su práctica por alguien – era el peor de los crímenes que el hombre cometía contra la vida; lo consideraba, como todavía lo considero, incluso peor que la práctica del suicidio, porque, la mayor parte del tiempo, el suicida está completamente fuera de sí y no atenta contra la existencia de nadie más que la suya.

Lurdiña, de casi cuarenta años, no tardaría en desencarnar. Después de casi seis meses, le detecté un tumor en la mama y la remití al hospital del cáncer; desafortunadamente, debido a su debilidad física, el tumor ya se había extendido por todo su cuerpo. Sorprendentemente, los familiares ni siquiera se presentaron a los funerales, que fueron a expensas del Sanatorio. Y, de vez en cuando, llegaban a mis oídos rumores que me estaba haciendo millonario... Gracias a Dios, la única propiedad que dejé en la Tierra fue la casa en la que vivía, en la Avenida Dr. Fidelis Reyes.

En una de nuestras sesiones mediúmnicas, pregunté a los espíritus amigos sobre el paradero de Lurdiña en el plano espiritual:

– Continúa en tratamiento – informaron –. Algunas de sus visiones no fueron provocadas por el remordimiento: eran reales; es decir, los espíritus que no la perdonaron quedaron imantados en su psique... Todos siguen hospitalizados. El trabajo es largo. Probablemente, en un futuro no tan cercano, nuestra hermana renacerá con el compromiso de ser madre de muchos hijos.

De vez en cuando, la pobre señora, con un niño en brazos y tirando de la mano de otros dos, aparecía en el Sanatorio pidiendo comida sobrante. Había sido violada de niña y, tras dar a luz a su primer hijo, quedó con ciertas secuelas psíquicas: su razonamiento no era acertado. Tenía un amor arraigado por los niños: tres hermosos niños y la promesa de más, pero vivía al aire libre, aceptando la compañía de cualquier vagabundo.

Tal vez, pensé, ese sería el futuro de Lurdiña.

En verdad, ¡cómo es largo, Dios mío, el camino de la redención! La invigilancia de un minuto puede conducir a siglos de lucha.

Habiendo dedicado prácticamente todo el tiempo disponible esa tarde, visitando el pabellón de mujeres, pospuse la visita al pabellón de hombres hasta la mañana siguiente. El trabajo burocrático en el Sanatorio estaba reduciendo gradualmente mi contacto con los pacientes, lo cual era lamentable. Mi contacto personal con los pacientes, a lo largo de mis más de cincuenta años de práctica médica, había hecho de mí, en términos de experiencia, que valiera por muchas encarnaciones. Lamento hoy no haberme dedicado con más tiempo y paciencia a ese – digamos – increíble y abundante material de aprendizaje espiritual que, sin duda, me hubiera ayudado a una comprensión más amplia de mí mismo y de la vida.

13.–
EL PABELLÓN MASCULINO

Al día siguiente, como de costumbre, llegué muy temprano al Sanatorio. Los pacientes estaban tomando desayuno y, como adivinando lo que iba a pasar, llamé a Manoel Roberto y le pedí que tuviera más cuidado con la cafetera, que humeaba libremente sobre la mesa, al alcance de las manos de los pacientes.

Paulito tenía una verdadera obsesión por todo lo relacionado con el fuego. Antes que ninguno de los dos pudiéramos intervenir, agarró la gran jarra de leche de la que se sacaba la leche hervida y, con una agilidad increíble, la vertió sobre la mesa; la leche brotó y quemó los brazos y las piernas de otros tres internos... Se armó la confusión y tuvimos que darnos prisa, a poner vendajes y suspender el desayuno colectivo durante quince días a los enfermos. Individualmente, tomarían desayuno en su habitación. Como los más indignados querían agredir al chico, nuevamente tuvimos que poner a Paulito en aislamiento. No entendía cómo no se había quemado las manos... El caldero de leche acababa de salir de la estufa de leña y había sido hervido varias veces. Solo la mediumnidad de los efectos físicos para explicarlo...

Poco a poco fui aprendiendo a distinguir cuando hablaba con Paulito o con la entidad espiritual que parecía estar domiciliada en su psique.

Fue con el propósito de reprender su conducta en el desayuno que, acompañado de Manoel Roberto, casi dos horas después fui a verlo a la celda donde, contra mi voluntad, siempre me obligaron a encerrar a los recalcitrantes.

Perdónenme, pero necesito narrar lo que vimos: cuando Manoel Roberto y yo entramos en la sala preparada, Paulito se estaba masturbando y, cuando nos vio, no interrumpió el acto. Honestamente, no sabía qué hacer. Solo tuve la presencia de ánimo para extender la mano y detener a Manoel Roberto, quien, a pesar de estar acostumbrado a esa práctica lasciva entre los pacientes, tanto hombres como mujeres, se sorprendió, considerando el hecho una falta de respeto a mi presencia en el lugar.

Esperamos a que el chico terminara, no había nada más que hacer. Bajé la cabeza y me pregunté qué tendría que decir Freud al respecto. Por cierto, Freud, si mucho decía, mucho más quedaba por decir, casi todos los internos del Sanatorio tenían problemas relacionados con el sexo. Por la noche, era necesario redoblar la vigilancia.

Cuando Paulito terminó de masturbarse, tuve la impresión que había salido del trance... ¿Qué espíritu terrible sería ese que vampirizó al chico? Estaba abandonando el tratamiento de electroshock; en ciertos casos, admito su eficacia, pero, en rigor, la consideré mucho más dañina que terapéutica.

Al darse cuenta de nuestra presencia, Paulito se levantó los pantalones y no entendió nada. Mientras Manoel Roberto llamaba a un sirviente para que limpiara el piso, yo me senté en la cama al lado del chico y traté de comportarme con naturalidad. Entonces, para relajarme, pregunté:

– ¿Pensando mucho en las chicas de Capão–da–Onça, Paulito...?

– No, doctor, eso no es todo – respondió tímidamente –. No puedo controlarme. No quiero masturbarme, pero todos los días es como si alguien me obligara...

– Paulito – insistí en el diálogo que necesitaba tener con él – eres consciente de lo que provocaste esta mañana. Dos de los tres quemados fueron trasladados al Hospital das Clínicas con quemaduras de segundo grado...

– Empecé a mirar ese caldero de leche y una voz me dijo insistentemente: – "Derrámala, quémalos…"

Yo no vi nada, Doctor, se lo juro, yo sé sentirme bien de hacer lo que me ordenó esa voz... Se siente como si un hombre entrara en mi cuerpo. A veces tengo ganas de matar a mi madre, no sé, tengo la impresión que me traicionó...

– Pero la madre es algo sagrado, hijo mío... Debemos respeto y consideración a nuestras madres. La mía es vieja y me encanta...

– Lo sé, doctor, pero no está en mí – dijo el chico, llevándose ambas manos a los oídos, como tratando de no escuchar a otra persona que, al mismo tiempo, le estaba hablando a él – Estoy tratando de controlarme, yo mismo, pero mi fuerza ha llegado a su fin...

– ¿Sabes lo que es la mediumnidad, Paulito? Eres médium; no eres tú actuando, sino un espíritu obsesor que te está dominando...

– Lo he visto, doctor – reveló, para mi sorpresa –. Tiene una cara que me da miedo... Lo veo en sueños. A veces lo veo incluso con los ojos abiertos...

– ¿Y de qué te habla?

– Me dice que le pertenezco y que pretende matar a mi madre; dice que mi padre solo fue cómplice... Cómplice de qué, no sé.

– ¿Cómo se llama...? – Le pregunté curioso.

– Tomás... Me dijo que se llama Tomás.

Un escalofrío, de arriba abajo, me recorrió la columna vertebral.

¿Era ese espíritu en quien estaba pensando?

No, no era posible. Debería ser un Tomás cualquiera... Los espíritus obsesivos se aprovechaban de la identidad de los demás para impresionar mejor a sus víctimas.

– Él dice que le gusto, pero yo no lo creo; dice que me va a defender, a libertarme – comentó con ingenuidad Paulito, que ahora me parece más integrado en sí mismo.

– Tienes que ayudarnos, hijo mío – argumenté, a punto de irme y continuar mi visita al pabellón de hombres –. Hoy dormirás aquí. Los pacientes están alterados; será mortal llevarte adentro... Tus padres deberían venir este fin de semana. Espero que te comportes. Háblale a ese espíritu, cuando tengas otra oportunidad de estar con él, que tanto odio no lleva a ninguna parte. "Quien a hierro hiere, a hierro será herido..."

Estaba seguro que ese Tomás – si es que en verdad así se llamaba – estaba allí escuchándome...

14.–
VISITANTE ILUSTRE

Nuestros días en el Sanatorio fueron así: mucho trabajo con pacientes que alternaban sus estados psicológicos, desafiando los conceptos que me había enseñado la Medicina; les confieso que, durante mucho tiempo, en el trato con los internos, yo era mucho más un espírita médico que un médico espírita...

Estábamos ultimando los preparativos para las visitas del próximo fin de semana, cuando al entrar en mi consultorio, donde estaba revisando los registros de algunos pacientes, el portero me dijo:

– Dr. Inácio, Chico está ahí fuera buscándote...

– ¿Chico? ¿Qué Chico...? –. Pregunté, sin levantar la vista de las notas que estaba tratando de poner en orden, lo cual, por cierto, nunca logré hacer.

– ¡Chico Xavier...!

Cuando escuché que anunciaban el nombre de Chico Xavier, confieso que no lo creía. Si fuera cierto, sería la segunda o tercera vez que el querido médium me dedicaba tal sorpresa; el primero fue un encuentro inolvidable en el que lo recibí en mi propia casa, apenas trasladó residencia a Uberaba...

– Pues, déjenlo entrar; tráigalo aquí… – le respondí, dejando el papeleo que, de costumbre, me irritaba, porque el exceso de burocracia comenzaba a actuar sobre el Sanatorio.

Me levanté, me arreglé la corbata – no sé por qué, llevaba corbata – y caminé hacia la puerta esperando feliz al distinguido visitante.

Con sus maneras sencillas, Chico me saludó y empezamos a hablar.

– Dr. Inácio – me dijo –, por favor perdóname por venir a molestarte, pero desde hace unos días he estado pensando mucho en ti, en tus luchas aquí en el Sanatorio. Es una pena que mi trabajo en la mediumnidad no siempre me permita presentarme de visita…

– Bueno, Chico – le dije ofreciéndole una taza de café – no hace falta que te expliques; sé muy bien lo que es esto… Yo también he pensado en hacerte una visita, pero, ya sabes, llega la noche, compromisos de otra índole acaban avergonzándonos… También he estado intentando aprovechar el tiempo para escribir…

– He leído tus artículos en "La Llama Espírita." Tus declaraciones en defensa de la Doctrina son excelentes…

– No exageres, Chico, no exageres…

– No estoy diciendo esto para complacerte. A pesar de los temas controvertidos con la Iglesia, me doy cuenta que nuestros hermanos católicos han cambiado su manera de ver la Doctrina… Es un trabajo a largo plazo.

– Tú, Chico, eres el que verdaderamente has colaborado para que se respete más al Espiritismo; tu mudanza a Uberaba fue un excelente refuerzo para nosotros...

– Siempre tuve muchos buenos amigos aquí: Waldo, Joaquim Cassiano, José Thomaz, Elias Barbosa... En Pedro Leopoldo, se estaba poniendo difícil para mi familia.

Deteniéndose un poco, con el propósito de cambiar de tema, me preguntó:

– ¿Y el Sanatorio, Doctor? ¿Cómo han estado nuestros hermanos y hermanas...?

– En esa base, Chico – respondí un poco desanimado –. El problema obsesivo es grave; las curas definitivas son raras...

– No podemos desanimarnos – me dijo, como si el propósito de su visita esa tarde fuera precisamente ese –. El Dr. Bezerra de Menezes se me apareció días atrás y me pidió que, cuando fuera posible, viniera a verte, afirmando que la presión de la oscuridad sobre el Sanatorio ha sido grande últimamente...

– Tiene razón, Chico; de hecho, nos hemos enfrentado a muchos problemas...

Y, recordando a Paulito, continué:

– En las sesiones de desobsesión, doña Modesta ha sufrido mucho... Espíritus de ex inquisidores parecen haberse trasladado aquí. Y la presión de todos lados...

– Necesitamos redoblar la vigilancia y, en todo momento, saber que estamos ante espíritus enfermos...

– Incluso hemos tenido fenómenos de efectos físicos. De vez en cuando, el personal tiene que correr con cubos de agua... Dicen que los pacientes están quemando cosas con cigarrillos, pero no me lo creo; para mí, son los espíritus los que han provocado estos pequeños incendios...

– Dr. Inácio, nuestro Dr. Bezerra me explicó que, en su mayoría, los espíritus reencarnados en la región del Triángulo Mineiro vienen de Europa, principalmente de Francia y España... Muchos compañeros y muchos opositores de Allan Kardec se mudaron aquí. La lucha por la verdad continúa en el mundo espiritual, porque la desencarnación no cambia así a nadie...

– Es verdad, Chico – me aventuré a preguntar si el obispo de Barcelona, el que ordenó quemar las obras de Allan Kardec, ¿se reencarnó en Uberaba?

– Tengo la impresión que sí, doctor, pero no nos conviene especular sobre el tema. Por lo que Emmanuel me dijo, a pesar de continuar vinculado a la Iglesia, ahora es nuestro compañero...

– Sí, sé de quién estamos hablando; soy muy amigo de su familia... Son gente muy agradable. ¡Qué interesante: reencarnó en una familia espírita, volvió a ser sacerdote y es médium...!

Sonreímos, juntos, ante las malas pasadas que nos juega la reencarnación, pero, sabiendo que el tiempo de Chico era demasiado precioso, quise hablarle del tema que no le venía a la mente – aunque, conscientemente, evitaba abordarlo con su compañeros.

– Chico, hace unos días recibimos a un joven de Rufmópolis, antes Capão–da–Onça... Su nombre es Paulito. ¿No te gustaría verlo? Lo siento mucho por él; incluso parece un caso de posesión... No sé qué hacer, me he estado devanando los sesos.

– Si es una visita rápida, doctor... tengo un taxi esperándome afuera.

– No, Chico, cinco minutos más y luego no te dejo pagar el taxi... Soy yo quien debería ir a verlo; tus ocupaciones son más importantes que las mías... Dicen que soy médico, pero sinceramente, me veo más como un carcelero...

– Bueno, doctor, no diga eso – respondió el médium, con la intención de animarme –. Usted es bandera del Espiritismo... El Sanatorio Espírita de Uberaba, que usted dirige, es una de las instituciones más respetadas en Brasil y en el exterior.

15.–
LA CONFRONTACIÓN

Eran casi las cuatro de la tarde. Paulito seguía atrapado en el aislamiento; el enfermo mental se olvida rápidamente, pero el episodio de la leche hirviendo me había dejado con miedo: las autoridades policiales no nos perdonarían si hubiéramos tenido un incidente más grave...

Cosa impresionante: al encontrarme con Manoel Roberto en el pasillo de acceso a la celda donde habían internado a Paulito, le pedí que nos acompañara con las llaves para abrirla. Le pregunté:

– ¿Cómo está nuestro chico?

– Tranquilícese, Dr. Inácio; está bien, al menos, aparentemente, está bien...

De hecho, todo parecía tranquilo, pero cuando Paulito, o las entidades que lo maniobraban, vieron a Chico, inmediatamente cayó en trance... Nunca había visto una transfiguración así – muchachito adelgazó, se hizo más grande, tenía un aspecto sombrío, el rostro hundido y comenzó a hablar, con voz ronca y amenazante, como si estuviera reprimido en sus impulsos agresivos:

– Finalmente, viniste... Cara a cara con ¡Chico Xavier, el líder de los herejes!... Nunca pude estar más cerca de ti que ahora. El culpable de todo esto... ya había oído hablar de ti... pero ¡qué disfraz arreglaron para ti! ¡Qué torpe el cuerpo tuyo!... Tengo informantes; me dijeron que, ahora eres el mayor enemigo de la Iglesia...

Aunque sorprendido, Chico se mantuvo tranquilo, sin abrir la boca al espíritu, que continuó:

– ¡Tú, francés tonto...! ¡Deberías haber ido al fuego...! Lástima que mi brazo no lo alcanzó; ¡Ojalá te tuviera en España...! ¿Quién te crees que eres? ¡Qué reencarnación esa ni nada...! Nos estás impidiendo acceder al cielo... ¡Conspirando contra la Santa Madre Iglesia...!

Interesante que el ente espiritual, a pesar de ser extremadamente agresivo en la palabra, incluso pronunciando lisuras que no reproduzco, parecía inmovilizado por una camisa de fuerza invisible, se retorcía por todos lados, pero no se deshacía de ella...

– ¿Tú sabes quién soy? – Gritó, como si tuviera un ataque epiléptico –. Sabes, siento que lo sabes... No creas que atrapando mi instrumento aquí, me mantendrás atrapado por mucho tiempo...

¡Dios mío! Esas palabras del ente promotor vieron un destello en mi cabeza: ese inquisidor desencarnado estaba preso en el Sanatorio; por estar tan ligado a ese muchacho, había sido hecho prisionero...

– Por ahora – prosiguió, sin que Manoel Roberto y yo sepamos qué pasos dar – no puedo liberarme: si lo obligo se muere, y no quiero que se muera antes de vengarme de esa desgraciada que lo parió... Ella me envenenó. Sé que fue ella. Me traicionaron... La quería, tenía un cuerpo hermoso... Se quedó embarazada de mí y entregó a mi hijo a musulmanes, gitanos musulmanes...

El odio del espíritu no detuvo sus ojos se llenó de lágrimas cuando se refirió a su hijo.

– Mi hermano – dijo tímidamente Chico Xavier, ante el silencio del ente que provocaba extrañas convulsiones en el cuerpo de Paulito – no te aferres al pasado. Olvídalo... Somos hijos de Dios. Todos hemos caído varias veces, pero solo a través del amor nos levantaremos... Jesús no aprueba la violencia. La verdad está en todas partes; no somos los únicos en tener razón... No lo consideramos como un enemigo; queremos tenerlo como compañero de nuestros ideales. ¡Y ese día todavía llegará...! Oremos juntos, pidiendo perdón por nuestros muchos errores. ¡Esta casa, que lo acoge con su hijo de otros tiempos, es de Jesucristo! Está recibiendo cariño aquí... No seas malo con nosotros. Estamos aquí para ayudarte...

– ¡Cállate! No quiero escucharte – respondió el espíritu, a punto de romper el trance –. Estas son palabras dirigidas al viento... Si me ayudas en mis propósitos de venganza, prometo ignorarlos. No quiero nada más: solo la quiero a ella y a... mi hijo. Ese otro saldrá de escena con facilidad. Es un intruso. No resistirá ni un suspiro de mí... Dicen que es mi hermano, pero no le creo.

Y, dejando a Paulito tirado en el suelo, como si le hubieran inyectado en la vena, el obsesor, sin añadir ninguna palabra se retiró.

Los tres, Chico, Manoel Roberto y yo, nos juntamos para acostarlo. Haciendo una pequeña oración, estos compañeros le dieron un pase de recuperación. Un fuerte olor a éter como que ionizaba la atmósfera de esa habitación en el sótano...

Acompañando a Chico Xavier hasta la puerta de salida del hospital, le pregunté extendiéndole la mano a modo de despedida, mientras mi ayudante acertaba al taxista:

– ¿Quién te crees que es, Chico?

– Dr. Inácio – respondió con discreción, propio de los médiums más fiables –, esperemos que se identifique; es un hermano nuestro muy enfermo... Creo que está, sin darse cuenta, ensayando los primeros pasos en el camino de la redención. El Dr. Bezerra de Menezes y Bittencourt Sampaio estarán pendientes. Hagamos nuestra parte. Solo te pido que no dejes ir al chico antes que tengamos una mejor solución para el caso.

Con repetidos gestos de despedida, Chico subió al auto, diciendo que esa noche esperaba a unos amigos de São Paulo, y se fue.

Sintiendo mi cuerpo magullado, fui a la cocina y tomé un analgésico. Encendiendo un cigarrillo, decidí bajar y, una vez más, mirar por la ventana enrejada de la celda, comprobando la situación con mi paciente de Capão–da–Onça. Paulito dormía profundamente, su rostro sereno. El olor a éter seguía siendo fuerte.

Subí las escaleras que me habían llevado al sótano, verifiqué que todo lo demás estuviera en orden y me dirigí a casa, ansioso por una sopa caliente para reanimarme.

Tres días después, el domingo, recibiríamos la visita de los padres de Paulito quienes, para mi sorpresa, traían consigo a una hermosa niña de dieciséis años llamada Mariana, quien también iba acompañada de su abuela.

16.– ENAMORADOS

Mariana era una joven sumamente agraciada; cabello castaño claro y ojos almendrados, vestía un vestido floreado azul que le llegaba un poco más abajo de las rodillas... Tan pronto como Paulito la vio, el chico cambió. Tomó una nueva postura, se alisó el cabello con las manos, se ajustó la camisa sobre el cuerpo y sonrió.

– ¿Cómo estás, Paulito? – Preguntó la chica, extendiendo tímidamente su mano –. ¿Estás mejorando? Nuestros amigos enviaron sus saludos...

– Lo estoy, Mariana; poco a poco voy mejorando – respondió el joven, un poco avergonzado.

– Tienes que recuperarte pronto para salir de aquí – interrumpió, con el vidente desequilibrio en su voz, doña María de los Dolores.– No soporto verte aquí... No sé qué le pasa a esta casa. Para mí, alberga a las almas miserables del Purgatorio... Se me pone la piel de gallina.

– ¡Oh, contrólate, Dolores! – intervino el señor Juliano –. Esto es un hospital; nuestro hijo necesita tratamiento... No debemos ofender a los médicos que lo atienden. No nos exigieron nada... Estoy cansado de hablar contigo, mujer: los espíritas son gente buena...

– Así mismo, comadre – añadió doña Josefina, la abuela de Mariana, que parecía haber venido con su nieta para tratar de aliviar las angustias del viaje.

– Los espíritas nunca nos hicieron daño. El señor João Urzedo ayudó a mucha gente en Capão–da–Onça... Todos los que llegaban con hambre comían en su casa.

– Pero no me importa el Espiritismo; he escuchado a muchos curas decir que esto es cosa del diablo...

Atento, seguía el diálogo de los padres de Paulito, pero sin perder de vista a mi paciente. Tenía miedo que, en presencia de su madre, cambiara, cosa que, afortunadamente, no fue así. La presencia de Mariana estaba siendo un eficaz tranquilizante.

Me acerqué, saludé al Sr. Juliano, doña Josefina y doña María de los Dolores, que se negó a tenderme la mano y se apartó con un puchero.

– ¿Qué tal, Paulito? – Pregunté, tratando de deshacer el malestar. ¿Tienes una visita de tu novia?

El chico se sonrojó al instante, sonriendo, sin atreverse a mirarme.

– ¿Cómo estás, hija mía? – saludé a Mariana, sintiendo por la niña un cariño que ni yo sabría cómo explicar; como nunca había tenido hijos, estaba encantado con la figura de una joven como Mariana...

– ¿Estoy bien y tú? – Respondió cortésmente –. ¿Es usted el médico de Paulito?
Será sanado, ¿no...?

– ¡Claro que lo será, Mariana! – Dije con convicción, poniendo mi mano derecha sobre el hombro del chico –.

Paulito no tiene nada en el cerebro; su problema es espiritual...

– Espiritual... – murmuró en voz baja pero audible, Doña De los Dolores, como objeción.

Sin darle mucha importancia a la madre de mi paciente, quien, a mi juicio, era quien debía ser hospitalizada en su lugar, seguí hablando con Mariana:

– Tu novio ha sido acosado por un enemigo de la familia, es un espíritu revoltoso y de gran poder hipnótico... Sin embargo, creo que finalmente cederá. Ha pasado mucho tiempo, docenas y docenas de años, que ha estado en esta situación. Hemos hablado con él. Creo que todo sería más fácil si doña María de los Dolores cooperara un poco más...

– Y he estado cooperando – respondió, haciendo la señal de la cruz tres veces –. Rezo todos los días a Santa Teresita del Niño Jesús y le doy la suerte de mi hijo. Estoy seguro que en cualquier momento ocurrirá un milagro...

– Ella pasa la mayor parte del día de rodillas, Doctor – interrumpió a su esposo con incredulidad.

Queriendo ganarme un poco la confianza de aquel espíritu atormentado, comenté:

– La oración nunca está de más... Necesitamos unirnos.

Lo importante es que Paulito sane pronto y me invite al casorio...

Mariana y el chico se miraron felices.

En presencia de la niña, Paulito, desde que llegó al Sanatorio, nunca había estado tan normal.

– Creo, Mariana – dije, jugando con su cabello casi rizado – que tú eres mejor médico para él que yo; deberías visitarlo más a menudo...

– Están prometidos el uno al otro, Dr. Inácio – comentó el Sr. Juliano –. Mariana era hija de un gran amigo mío, que fue mordido por una serpiente de cascabel; su madre murió cuando estaba embarazada de su segundo hijo. Desde pequeña, Mariana ha sido criada por su abuela, que también es viuda... Cuando nació Mariana, su amiga Belmirome dijo que un día nuestros hijos se casarían ; crecieron juntos y comenzaron a salir, y parece que las cosas van a salir bien, ¿no, comadre Josefina? – Preguntó el hacendado a la abuela de la niña, que me pareció una dama ponderada.

– Es cierto, pero todavía tienen que esperar un poco más – respondió ella con cautela – Paulito, primero tiene que recuperarse... ¿No está de acuerdo, doctor?

– Estoy de acuerdo con todo lo que dice – observé, vibrando para que un día, esa relación terminara en matrimonio –. Por cierto, no estoy aquí para estar en desacuerdo con nadie... Solo diré lo siguiente: si estuviera enfermo y tuviera una novia como Mariana, trataría de recuperarme rápido... Si Paulito no se casa con ella, terminaré casándome con ella... – bromeé.

Mi broma no había logrado arrancar la más discreta sonrisa a doña María de los Dolores. De hecho, su alienación psíquica era preocupante... Me convencí que la salvación de Paulito sería Mariana. Aunque inofensivo, tu padre me parecía un hombre de no mayor determinación, un buen hombre, pero sin iniciativa; tal vez solo sabía cuidar de la tierra y el ganado...

Antes de despedirse, Mariana abrió una bolsita que llevaba doña Josefina, sacó un pequeño crucifijo atado a un cordel y lo colocó alrededor del cuello de Paulito.

Pensé en el peligro que podía representar ese hilo alrededor del cuello de un paciente psiquiátrico, pero pronto descarté la idea: además de ser un hilo muy fino, el regalo de Mariana a Paulito era una especie de objeto que, bajo ninguna circunstancia, él profanaría...

17.–
DEPRESIÓN SUPERADA

Cuando se iban, doña Josefina me preguntó:

– ¿Cuánto tiempo, doctor, necesitará todavía Paulito permanecer hospitalizado?

– No lo sé, hermana – respondí, tratando de bajar el tono de voz para que el chico, que estaba teniendo unos minutos a solas con Mariana, bajo los ojos atentos de Manoel Roberto, no escuchara mis predicciones –. Va a depender, aun necesitamos trabajar sobre el espíritu... Doña María de los Dolores, a mi modo de ver, no está en condiciones de sernos más útiles. Cuando esté mejor, se lo haré saber. Hay gente de Capão–da–Onça toda la semana en Uberaba.

La pareja de enamorados se despidió solo con un apretón de manos más largo; Mariana se llenó los ojos de lágrimas y Paulito volvió llorando a la habitación...

Por lo menos, la visita de aquel domingo serviría para que los demás pacientes se olvidaran del episodio con la leche hirviendo, que quemara a tres internos.

El jeep polvoriento se alejó y volví a entrar, tratando de prestar atención a otros que habían venido para una visita rápida con sus familias.

Mientras caminaba por el pasillo, con la cabeza llena de pensamientos que me quitaban el ánimo, una enfermera me advirtió:

– Dr. Inácio, Sebastián vuelve a tener esos episodios de depresión...

Sebastián era nuestro huésped más antiguo; vivió en el Sanatorio durante más de diez años. Cuando se sentía mejor, barría el patio, lavaba el baño, pero la mayor parte del tiempo no hacía nada... La ociosidad – ¡el agravante de los males del alma...!

– ¿Qué tal, Sebastián? – Le pregunté, sentándome a su lado, sin ninguna inspiración para hablar; las visitas de los domingos también terminaron deprimiéndome en relación a la mejoría de los pacientes; en general, los familiares revelaron que no estaban en condiciones de cooperar en lo más mínimo con el tratamiento que se realizaba en el Sanatorio... –. ¿Otra vez pensando en morir...?

– ¿Y de qué, Dr. Inácio, me está sirviendo mi vida...? Desde hace más de diez años, todos los domingos, espero la visita de un familiar que nunca aparece. Mis hijos me olvidaron aquí...

Sebastián había venido de una ciudad de Goiás, traído por un hijo que, prometiendo volver el próximo mes, nunca más vino. La dirección que proporcionó en la hoja era incorrecta. Me cansé de intentar comunicarme por teléfono y telégrafo...

Con casi setenta años, aquel señor, que había sido alcohólico hacía diez años, había llegado al Sanatorio casi sin memoria; su récord se perdió y lo que dijo no era muy confiable...

Con gran desaliento, continuó hablando:

– Soy una carga para ti; no puedo pagar la comida que me dan... Lo mejor sería morir. No creo en la vida después de la muerte. Por favor, perdóneme, Dra. Inácio, porque has sido un padre para mí, pero yo no creo en la existencia de la vida después de la muerte... ¿Podrías ponerme una inyección para que me duerma y nunca más despierte; no puedo soportar esto más... Dame al menos una cuerda para que pueda ahorcarme...

– Sebastián – le dije con cierto cansancio en la voz –, ya hemos tratado varias veces este tema, la vida es un don de Dios; hay que esperar, con paciencia y resignación, el momento señalado... Te casaste, tuviste hijos; yo no me casé y no los tuve – ¡y no fue por falta de esfuerzo...! Yo también estoy solo, tengo mi trabajo en esta casa y nada más. Los miembros de mi familia son ustedes. No vamos a discutir si hay o no vida fuera de la materia; ¿Quién soy yo para convencer a alguien de la verdad que prefiere ignorar...?

– Doctor, pero no soy bueno... ¡Quiero morir! Si hay otra vida, como dices, mejor morir y empezar de nuevo... Vivir con este recuerdo del pasado es terrible... Perdí mi existencia. Ni siquiera tengo la gratitud del que puse en el mundo... Era un borracho, solo recuerdo que, en tanto sufrimiento, mi mujer se fue de la casa; se escapó con un hombre, no sé ni a dónde... José y Antonio fueron criados por una tía; viví en las calles, tambaleándome...

La depresión es un mal terrible. Los argumentos de quienes se dejan dominar por tal estado de ánimo son casi irrefutables; se retratan como se sienten por dentro, mostrándose completamente refractarios a cualquier argumento en contrario.

Estuve a punto de pedirle a la enfermera que le diera una carga mayor de medicamentos, renunciando, una vez más, a intentar sacarlo de esa idea fija de suicidio; sería más fácil para mí, porque, en ese momento, no sabría quién de los dos estaba más deprimido...

Sin embargo, recordando mi responsabilidad, pero no queriendo continuar con esa discusión filosófica que se estaba esbozando, invité:

– Sebastián, levántate de la cama y ven conmigo. Vamos al patio trasero... Tengo tres gallinas ponedoras y un gallo indio. No se pueden soltar.

La experiencia con los pacientes del Sanatorio me había enseñado que una de las tácticas que funcionaba bien era mostrarme a veces más loco que ellos; a menudo cambiaba de tema: ellos hablaban de polla, yo comencé a hablar de piedra...

– Vamos, Sebastián, levántate, en este hospital hasta los animales están locos... Busquemos la manera de encerrar esas gallinas, hay muchas mofetas en estos arbustos; son gallinas preciosas, las que tienen papada... ¿Conoces una gallina con papada, Sebastián...?

– Lo sé, Dr. Inácio. Allá en Goiás abundan. Ponen, que es una preciosidad...!

– Es mejor que pongan, porque si no, se van a la olla... – contesté con el propósito de espantar a los demonios del cuerpo... No te mueras, porque en algún momento te acabaré ahorcando... ¿Dónde has visto a un hombre grande así, un viejo flaco como tú...? Sal con la lavandera... ¿Has visto a nuestra nueva lavandera? ¡Y una morena así, y viuda...!

Esa crisis de depresión fue, por lo tanto, superada – la de Sebastián y la mía –. ¡Ay, si no trabajara todo el día...! Si tuviera que llevar todo a plancha y fuego, estaría perdido: terminaría entrando en una de esas celdas, cerraría la puerta y tiraría la llave... El secreto para combatir la depresión fue no perder el sentido del humor: bromeé todo el día. He curado a muchos atribulados, mostrándome más atribulado que ellos y en el sanatorio incluso, me cansé de ver médicos demasiado pragmáticos peor que pacientes...

18.–
FUEGO SALVAJE

El lunes, en plena mañana, vino Manoel Roberto a avisarme:

– Dr. Inácio, hay gente de Veríssimo que quiere hablar contigo...

Les pedí que pasaran y los atendí en la sala de recepción, una especie de vestíbulo abierto, donde solía hacer el primer contacto con los que venían a mí.

El caso era desesperado. Una pareja había venido de la ciudad de Veríssimo, trayendo a su hija, una mujer soltera de treinta y tantos años, con signos evidentes de trastornos psíquicos. La joven dejaba ver su cuerpo cubierto de úlceras escamosas, las cuales sangraban...

– Doctor, hemos estado peleando con nuestra hija, hace como tres años le apareció este picor en el cuerpo. Hemos hecho de todo: pasamos varios ungüentos, baños con plantas medicinales, simpatías que nos enseñaron, y cualquier cosa. Solo ha empeorado... No sé si es la enfermedad – explicó angustiada la progenitora –, pero desde hace unos meses está un poco perturbada, no dice nada, se clava las uñas en la piel como si estuviese tratando de desgarrarse su propia carne... Nos gustaría que cuidara de nuestra Irene. ¡Pobrecita! Estaba comprometida para casarse, pero ahora, así...

La Dermatología nunca fue mi fuerte en Medicina, sin embargo esa imagen era un diagnóstico inequívoco. Haciendo una pausa para examinarla más detenidamente, pregunté:

– Irene, ¿te rascas mucho...?

La joven, con los ojos muy abiertos, perdida en cualquier punto del horizonte, respondió:

– Quema, Doctor; quema y arde... me siento como si estuviera en un incendio...

Ya no había ninguna duda: era, de hecho, pénfigo foliáceo o, en otras palabras, un fuego salvaje.

Mientras Manoel Roberto le brindaba un vaso de agua a Irene, llevé aparte a sus padres y les expliqué:

– No es un caso para mí... La chica, de hecho, está muy dañado emocionalmente. Incluso creo que hay un componente espiritual: la obsesión, pero su problema es una enfermedad llamada popularmente fuego salvaje...

La madre comenzó a llorar, escondiendo las lágrimas de desesperación. Eran gente muy sencilla, habían venido en carreta y no tenían a quién recurrir.

– Veamos qué podemos hacer – dije, tratando de consolarlos –. Aquí, en Uberaba, hay un hospital que atiende estos casos. ¿Alguna vez has oído hablar de doña Aparecida, del Hospital do Pémfigo?

– Sí, Dr. Inácio, pero no tenemos los recursos para pagar su tratamiento; conocemos poca gente en Uberaba... Salimos de Veríssimo de noche, porque no podíamos viajar con el sol: ¡con el calor, Irene está casi loca! Hace mucho tiempo, saltó al río y casi se ahoga...

Compasivo por la situación de la joven, a quien, en efecto, no tuvimos forma de recibir en el Sanatorio, dejándola en compañía de los demás internos, le comenté:

– No te preocupes. Doña Aparecida es una mujer muy caritativa, solemos enviarnos enfermos unos a otros... Yo solo firmo unos papeles y llego allá contigo; por cierto le pediré a alguien que los guíe, en un ratito bajo con mi carro, el hospital no queda muy lejos, es solo bajar una colina y subir otra...

Estuve avergonzado durante aproximadamente una hora, recetando, revisando fichas. Cuando llegué al Hospital do Pémfigo, doña Aparecida ya estaba hablando con la pareja de Veríssimo y al verme abrió de inmediato su característica sonrisa y caminó hacia mí, balanceando sus largos brazos:

– Se está volviendo bueno en esto, Dr. Inácio... – comentó, confirmando mi diagnóstico –. Lamentablemente, es pénfigo, y en una etapa avanzada... Ella tendrá que quedarse aquí, pero podrías darle un medicamento para la cabeza: Me temo que nuestra paciente hará una estupidez. Ya sabes cómo es: a veces tenemos que atar al paciente a la cama... Hoy estamos aquí con más de cuarenta, entre hombres y mujeres y dos niños. En el pasado, el pénfigo no atacaba a los niños...

– Aparecida, el pasado es implacable, debimos hacer muchas cosas malas los dos: yo cuidando locos, y tú cuidando pénfigos... Ahora pensemos en lo que debieron hacer estas personas...

– Según Chico Xavier, que me visitó el otro día – aclaró el fundador del hospital, el único en un radio de muchos, muchos kilómetros –, el que reencarna con el pénfigo es porque se prendió fuego a su propio cuerpo, suicidándose, o, así quemó a la gente viva en la hoguera...

Hasta ese momento no había conectado una cosa con la otra: los espíritus que en el pasado habían manejado el fuego estaban a mi alrededor. En el Sanatorio, estábamos enfrentando ese problema con Paulito y el espíritu del inquisidor que no lo dejaba ir, y ahora esa niña infeliz con el pénfigo... ¡Estábamos rodeados de llamas...!

En pocas palabras le conté a Aparecida el drama que estábamos viviendo en el Sanatorio.

– Dr. Inácio, la mayoría de nuestros reclusos no pueden ver el fósforo. Chico Xavier tiene razón... Yo solo no entiendo por qué estos espíritus, como dices, de los inquisidores del pasado, vienen a Uberaba...

– Y la presencia del Espiritismo aquí, Aparecida – respondí, sin encontrar; sin embargo, las palabras adecuadas para explicarme mejor –. Los que se arrepienten de lo que hicieron se están redimiendo; los que aun no se han arrepentido siguen luchando contra lo que tildan de herejía...

– Sé que usted ha sufrido mucha persecución por parte de la Iglesia, Dr. Inácio, me enteré de la procesión que organizó el obispo y se detuvo frente a su casa... – Aparecida demostró estar más informada de lo que había supuesto.

– Estamos bajo el fuego... – observé expresando cierta ironía –, el fuego de los inquisidores que están en el más allá y el fuego de los que han vuelto a encarnar en sotanas. Si sigue así, nos acabaremos convirtiendo en barbacoa – sobre todo yo: ¡esta gente me tiene muchas ganas!

Irene permanecería hospitalizada durante tres largos años, al final de los cuales, desgraciadamente, desencarnaría. Sin embargo, todo se hizo para aliviar sus grandes sufrimientos; al menos, antes de dejar el cuerpo, recuperó la lucidez y se fue con serenidad, dirigiendo incluso unas palabras de consuelo a sus padres.

19.–
DOÑA QUERUBINA

Cuando regresé al Sanatorio me esperaba doña Querubina.

– ¡Hola doctor Inácio! ¿Cómo está? – Me saludó con una efusiva expresión de agradecimiento.

Doña Querubina era una señora de más de setenta años, curandera, que cuidaba a dos mocosos, sus nietos. De vez en cuando, aparecía por dos dedos de prosa. Bebíamos café y picamos; encendí mi cigarrillo y ella encendió su pipa...

– ¿Cómo te va, mi vieja? – Pregunté, aliviado con su presencia, que me dejó envuelto en buenas vibraciones.

– Todo en paz conmigo, doctor. Y contigo, ¿cómo va la lucha...?

– Como ya sabes: "Si corres, el gusanillo te pilla; si se queda, el animal se lo come..."

– Lo sé, lo sé... – observó, literalmente asintiendo –. De hecho, doctor, estoy aquí precisamente por esto. Siempre hemos estado orando por ti en casa, y ayer tuvimos una revelación...

– ¡¿ ?!

– Mi guía, el espíritu del padre Jacob, me habló de la existencia de una legión de *exus* sobre el Sanatorio. Tienes que tener mucho cuidado...

– ¡¿Exus?...! ¡Y encima, en legión...! Era justo lo que me faltaba... – reflexioné, sin saber cómo reaccionar.

– El padre Jacob me lo mostró, hijo mío, y lo vi... Había enseñanzas de ellos, todos ellos con antorchas encendidas en las manos, y una ropa grande, una sombra y un líder... No podía ver su rostro, pero parece ser un espíritu muy maligno. Los otros espíritus le tienen miedo...

Lo dicho por Querubina coincidía con todo lo que veníamos viviendo en el Sanatorio últimamente. ¡Fantástica la mediumnidad de la curandera, que recibió allí sus caboclos y negros viejos...!

– ¡Aumenta la vigilancia, hijo mío! – continuó la madre de santo, quien sentía una inmensa alegría en ayudar, cada vez que me buscaba. Están detrás de tu cabeza; ¡Aquí quieren cerrar esto de todos modos...! El padre Jacob prometió que no te pasaría nada malo, pero los *exus* amarrarían a tu gente por dentro...

– Te agradezco el aviso, doña Querubina, y no dispenso la protección del padre Jacob – añadí convencido –. Así como van las cosas, aquí nos falta todo el mundo. Sus oraciones siempre serán bienvenidas. No tengo ningún tipo de prejuicio...

– Antes de retirarme, Doctor, quisiera saber si usted aceptaría una bendición de mi parte...

– Claro, hermana – le respondí, invitándola a la discreción de una habitación donde nadie nos interrumpiría o sería extraño ver a esa señora con los collares de cuentas al cuello transmitiendo un pase, según su creencia –. Si no me diste la bendición, estaba a punto de pedírtela; realmente siento que necesito una descarga de pies a cabeza... – Argumenté, con la intención de tranquilizarla.

Me senté en una silla y doña Querubina no tardó más de un minuto en entrar en trance. Pronunciando algunas palabras en dialecto africano, el espíritu del padre Jacob, incorporado, tomando mis manos entre las suyas, me habló respetuosamente:

– Hijo mío, sé que tienes la protección de altos emisarios de Cristo en esta casa. Aquí te estoy hablando con su permiso... No se preocupen. Nuestro propósito es el mismo. Debes tener cuidado... Los *exus* están enojados; están resistiendo los llamados de la Ley para recuperar sus cuerpos en la Tierra... Se amotinaron en el más allá. Uno de sus líderes está aquí. Quieren combatir el Espiritismo, embistiendo contra quienes lo representan en la comunidad, no basta morir, aceptar la verdad... Nuestro Señor Jesucristo sigue siendo crucificado por aquellos que con razón se imaginan servirlo... ¡Los cimientos de la Iglesia están comprometidos, no hay cómo salvar a esa institución milenaria...! Los compromisos espirituales asumidos fueron muy grandes; los verdaderos pastores, con muy raras excepciones, desaparecieron del catolicismo...

Revelando una condición intelectual superior a la de doña Querubina, que le servía de intérprete, prosiguió el guía iluminado, que se escondió bajo el seudónimo de padre Jacob:

– *Exus*, hijo mío, son espíritus que se dedican al mal; ¡son los que, desgraciadamente, se hacen discípulos de la oscuridad!... No te rindas en tu lucha. Vamos a ayudar el niño que está hospitalizado aquí; se trata de un espíritu que es muy querido por los sentimientos del líder del *exus* al que nos referimos... la oportunidad para que reconozca sus errores seculares, cometidos en nombre de la fe. Si logramos hacerle aceptar la reencarnación, desmantelaremos una numerosa legión de sombras que se resisten a las sugerencias del bien... Estamos con ustedes y con los demás compañeros encarnados que trabajan en esta casa.

Haciendo una breve pausa, antes de dirigirme sus últimas palabras, el padre Jacob me bendijo con el pase que me dejó más aliviado, como si estuviera quitando y dispersando con sus manos el peso de muchas vibraciones negativas en el ambiente.

– Ahora me voy, hijo mío. No te sientas debilitado... El padre Jacob siempre estará cerca; si me necesitas, solo llama... Me conoces con otro nombre, pero yo soy el mismo espíritu. ¡Que Nuestro Padre te proteja...!

Saliendo del trance, doña Querubina pidió un vaso de agua, me besó las manos y, al despedirse, le hice aceptar alguna ayuda para los muchachos.

– Llegó en el momento oportuno, doctor; Realmente necesitaba comprar útiles escolares para esos dos... Desde que mi hija murió y su padre me los dejó, ha sido difícil para mí, humilde, la vieja curandera y madre–de–santo.

Antes de irse definitivamente, la *ialorixá* sacó una pequeña imagen del padre Jacob de una bolsa y me la presentó. Miré detenidamente y luego busqué un lugar discreto para ponerlo. Desde hacía algún tiempo, la estatuilla del padre Jacob estaba allí, en un pequeño estante, justo debajo de un cuadro del Dr. Bezerra de Menezes; cada vez que la miraba me venían a la mente sus enigmáticas palabras:

– "Me conoces por otro nombre, pero yo soy el mismo espíritu"...!

20.–
MIÉRCOLES

Ese miércoles, en nuestra reunión mediúmnica de desobsesión, tan pronto como entró en trance, doña Modesta comenzó a retorcerse, apretando las manos sobre la mesa, con un visible esfuerzo para no permitir que el ente manifestante la golpeara. De repente, una risa que debió ser escuchada incluso en la calle por los transeúntes, seguramente confundiéndola con uno de los delirios de nuestros muchos reclusos, resonó desafiante...

– ¡Tontos! – Exclamó el espíritu con irónica entonación de voz... – Lo sé todo; no me engañas: estás tramando mi regreso al cuerpo... Ese viejo, esa vieja... Ella vio de lo que soy capaz ayer: la tiré al suelo y le rompí el pie...

Todavía no había recibido la noticia que doña Querubina se había resbalado, cerca de la lavadora de su casa, y el día anterior se había roto el pie...

El martes por la mañana doña Modesta y yo le haríamos una cordial visita, poniéndonos a disposición para lo que fuera indispensable para su recuperación.

– ¡Ríndanse...! – Continuó el ente, como si se tratara de vibraciones de dardos –. ¡Los reduciré a cenizas! ¡Puedo hacer un cortocircuito en cualquier momento y prender fuego a todo esto! No juegues conmigo... Suelta al muchacho, suelta a mi niño; él no tiene la culpa, es esa perra; fue ella la que me traicionó...

– Entonces, ¿Paulito era tu hijo...? – Aventuré, indagando.

– ¡Cállate...! Estás queriendo saber demasiado...
¡Lo mataré...! ¡Si no lo dejas ir, lo destruiré...!

– Pero, hermano...

– ¡Qué hermano, ni que nada...! Dobla la lengua cuando te atrevas a dirigirte a mí. Fui nombrado Inquisidor General por el Papa... Tengo amplios poderes; puedo hacer y deshacer... Ustedes están conspirando contra la Iglesia, ¡modernos fariseos, vestidos de cristianos...! Déjennos en paz... Ustedes profanan los sepulcros. El poder de la Iglesia se extiende más allá de esta miserable vida en el cuerpo de carne...

– Hablemos de Paulito... – insistí, reconociendo que ese era su punto vulnerable.

– No lo toques... Lo quiero de vuelta, lo traeré de regreso, pero solo después que estrangule a esa adúltera... Ella me traicionaba con todo el mundo. Yo, que no tenía miedo de ningún hombre, fui vencido por una mujer… la amaba con locura… no sé qué poder tenía sobre mí…

– Paulito es un buen chico... – repetía, aprovechando los momentos en que el medio sentía la necesidad de tomar un respiro.

– ¡Atrevido...! Quieres convertirlo a esas herejías tuyas, ¿no? – Gritó, luchando por contener la entidad del ex inquisidor.

– No son herejías; te comunicas con nosotros. Es tu espíritu el que está hablando a través de un médium...

– ¡Qué médium...! Son pocos los muertos que tienen poder para hablar con los vivos... La Iglesia está llena de santos. Pretendes reemplazarnos en los altares, ¿no...? Casi me canonizan... Puedo venir cuando quiera. El resto aquí es una tontería... Y todo es invento en la cabeza de esta mujer...

– ¿Y el padre Jacob, hermano...? ¿También es un invento...?

– Necesitamos una inquisición por aquí, hay mucha gente que necesita morir por segunda vez en la hoguera... Este padre Jacob tuyo es inaccesible; cada vez que me acerco a él, desaparece... Es un hombre con mil disfraces... Tiene miedo de enfrentarme cara a cara...

– Me gustaría traer a Paulito para que hable contigo... – propuse, en un momento de inspiración.

– ¡Nunca...! Hablo con él cuando quiera. Me escucha y me obedece...

– Solo hablas; necesitas escuchar... ¿no te gustaría escuchar la voz de tu hijo resonando en tus oídos...? Te impones a Paulito, vives dentro de su cuerpo...

– ¡Mentira, mentira...! – Gritó, con la boca espumando de ira.

No podía consentir que ese trance continuara por más tiempo. Doña Modesta se estaba agotando más allá de lo que debería soportar la presión psíquica con el espíritu del ex inquisidor; el dolor de cabeza persistente se presentara…

Tratando de acortar el tema que, por supuesto, arrastraría para toda la noche, argumenté:

– Y la propuesta que te hago: quieres que libere a tu hijo. Pues habla con él y yo te doy mi palabra...

– Tu palabra no vale nada para mí... ¿Quién te crees que eres para hacerme una propuesta? Si quisiera, puedo sacar a Paulito de aquí esta misma noche...

– ¡¿Cómo?...! –. Pregunté, cometiendo el error de denotar desafío hacia él.

Sin responder, el espíritu dejó escapar un aullido y dejó a la médium inconsciente, completamente inerte, con el rostro pegado a la mesa.

Manoel Roberto trajo apresuradamente un fajo de algodón empapado en alcohol. Era lo que en ese momento teníamos más cerca, que le hicimos oler a doña Modesta y, masajeándole las sienes, nos encargamos que recuperara el sentido.

Cuando pudo hablar, la médium consideró:

– Inácio, este espíritu es uno de los peores que he visto en toda mi vida... No es recomendable desafiarlo. Tuve que hacer un gran esfuerzo para que no me hiciera saltar sobre ti... En las próximas reuniones, retiraremos todos los objetos de la habitación, y luego pediré que me ate a la silla. Si toca un vaso, lo rompe y te corta el cuello en una; es ágil como un felino...

Estaba impresionado. Doña Modesta nunca me había hecho un pedido similar.

Mientras esperábamos que nuestra hermana se recuperara por completo, Manoel Roberto fue a la cocina y con la ayuda de una de las señoras que participó con nosotros en la sesión mediúmnica, ordenó que trajeran un café, que bebimos como alguien, que poco a poco, se recuperaba de una paliza.

21.–
HABLANDO DE
NOSOTROS MISMOS

Después de la sesión del miércoles, que he descrito brevemente, las cosas se calmaron en el Sanatorio. Paulito estaba más tranquilo, dándome la impresión que el espíritu que lo perseguía estaba replanteándose su táctica obsesiva. El jueves doña Modesta había estado en el Sanatorio y, recuperados del susto del día anterior, entablamos una conversación distendida.

– Inácio – me dijo – es lamentable la situación de ciertas entidades más allá de la muerte: no comprendo cómo no pueden aceptar la Verdad, en cuanto se reconocen, definitivamente, fuera del cuerpo; cómo estos espíritus pueden seguir afrentando el nombre del Señor, convencidos que tienen razón – digo afrentando, porque es en nombre del Evangelio que difunden la incredulidad...

– Tienes razón – comenté –. Ni siquiera sirven a nuestro Más Grande... Tenemos la impresión que en el mundo espiritual las opiniones están más divididas que en la Tierra, los espíritus no se entienden entre sí; los sacerdotes continúan defendiendo sus dogmas y puntos de vista; los evangélicos siguen apegados a las citas de la Biblia, los incrédulos de la existencia de Dios perseveran en sus cuestionamientos sin fundamento... De nada sirve morir.

– Como médium, Inácio – prosiguió la devota cooperadora –, experimento, en contacto con los espíritus, muchas angustias; con excepción de nuestros benefactores, que me dan una sensación de paz, a veces retengo en mi alma las impresiones que los espíritus que sufren no pueden expresar en sus diálogos con nosotros... Fuera del cuerpo, la mayoría están desorientados, sin ningún sentido de dirección en sus nuevos caminos; no pueden ascender a los planos superiores; no están preparados para la realidad y no están dispuestos a admitir sus errores...

– ¿Te imaginas, Modesta, el espíritu de ese inquisidor que parece tan endurecido..?. ¡Ha pasado tanto tiempo...! ¿Cómo puede ser...?

– Tengo la impresión que, desde entonces, no ha vuelto a reencarnar – observó la médium, cuyas notas al respecto eran similares a las mías –. Cuando se acerca a mí, lo veo todavía en el mismo estado: su aura, por así decirlo, proyecta las imágenes de ese tiempo a su alrededor; él se considera una autoridad religiosa y son muchos los que andan bajo su mando...

– Dios no violenta ninguna conciencia. La gente debe tener miedo de vivir tanto tiempo en la ilusión... ¡Cuántas oportunidades desperdiciadas! Todos somos hijos de Dios; no sé por qué nos oponemos con tanta violencia... ¿Será que queremos el reino de los cielos solo para nosotros? ¿No queremos compartirlo con nadie más...? ¿Será que por la preferencia del amor de Dios nos hemos vuelto locos...? –

Filosofé, sin vocación alguna por el arte que había inmortalizado a Rousseau, el pensador de mi preferencia.

– Inácio, estamos en el Espiritismo y nos creemos más correctos que los demás, ¿no? También necesitamos estar siempre abiertos... El Espiritismo es una fe razonada, pero he visto muchos espíritas fanatizados.

– El fanatismo es un mal terrible, especialmente el fanatismo religioso. Tengo la impresión que es un veneno inyectado directamente en el alma... En la llamada idea fija, el espíritu promueve la obsesión consigo mismo; uno de los ejemplos más clásicos que tenemos, en este sentido, es el de Pablo de Tarso. Por creerse en lo cierto, fue el responsable de la muerte de Esteban y prácticamente desató la persecución que sufrieron los cristianos durante trescientos años...

– Con este espíritu que nos ocupa, creo que debemos tratar de sensibilizarlo; inútil cualquier confrontación teológica con él, porque se cree correcto en sus actitudes de inquisidor que aun se imagina ser...

Nadie es esencialmente malo. Él puede, en el pasado, haber mandado a mucha gente a la hoguera, pero en el fondo, creo que está esperando una nueva oportunidad...

– Todo se reduce al perdón...

– Llegaste al meollo del asunto, Inácio. Vamos a ver: la mayoría de nuestros pacientes en el sanatorio son almas que no conocen el perdón, no perdonan y no perdónate...almas que no conocen el perdón – no perdonan y no se perdonan a sí mismas...

– Y no son lo suficientemente humildes para pedir perdón – agregué.

– De hecho, todos tenemos esta dificultad; siempre nos consideramos los ofendidos y los perjudicados...

– Olvidamos asumir nuestra parte de culpa, y luego vienen los problemas psicológicos que la ciencia médica etiqueta con tantos nombres confusos... – enmendé, recordando mi renuencia a guardar todo esa nomenclatura; en el Espiritismo las cosas eran más simples y la palabra obsesión resumía todo.

– La falta de perdón puede conducir a la locura...

– Correcto. Jesús, el Médico Divino, centró su doctrina en el perdón: ¡fue su última lección en la cruz! La práctica de la caridad es importante, pero la caridad nos pone en contacto con aquellos a quienes normalmente somos indiferentes; el perdón no lo es: el perdón es específico; tenemos que perdonar a los oponentes, perdonar y recibir el perdón.

– Tu observación, Inácio, es interesante – dijo la médium –. En realidad, la caridad es un sentimiento que experimentamos por aquellos que nos inspiran compasión, pero perdón...

– ¡El perdón es la victoria suprema del hombre sobre sí mismo...! Quien perdona se libera del pasado. Es el odio lo que nos tiene cautivos... Este espíritu que se ha comunicado con nosotros y que ha hecho tanto daño a la familia de aquel muchacho de Capão–da–Onça no reconoce que se equivocó. Tiene un amor por el Evangelio, pero es un amor loco, un amor que ha enviado a miles a la hoguera... Pura locura. La imperfección espiritual es una enfermedad grave.

– Hablamos y hablamos, pero apenas salimos del lugar, ¿verdad, Inácio?

– No hemos abandonado nuestra necesidad básica, querida amiga: la necesidad de ser misericordiosos unos con otros. Si no aprendemos a ser indulgentes, de nada sirve la medicina, de nada sirve un sanatorio, de nada sirve la mediumnidad. Todo será paliativo.

– Por eso llegamos al plano espiritual y seguimos en la misma...

– Entonces tú, como médium, sientes en el alma la angustia y la aflicción de estos espíritus que, en esencia, tienen necesidad de ejercer el perdón: rodean, rodean, no hablan, pero su problema, y el nuestro también, es el perdón... Cuando tocamos en el asunto es como si estuviésemos colocando una brasa viva sobre una herida.

22.–
CUIDANDO DEL JARDÍN

Siempre he combatido la inactividad de los pacientes del Sanatorio; en mi opinión, el trabajo es uno de los mejores recursos terapéuticos contra la obsesión – ocupar la mente, cansar el cuerpo, significa desalojar al inquilino indeseable, al espíritu obsesionante, que, poco a poco, al no encontrar ya la armonía, se aleja... Los enfermos refractarios a la terapia ocupacional sufrieron constantes recaídas: fueron dados de alta, se fueron a casa, pero luego, desafortunadamente, sus familias los trajeron de regreso; de hecho, el apoyo familiar en la recuperación de un paciente psiquiátrico debería ser un capítulo aparte en Medicina...

Con casi cuarenta días en el Sanatorio, Paulito estaba muy ocioso; Pasaba sus días prácticamente sin hacer nada. A veces jugaba a las damas con los demás reclusos, pero nada más.

Ese día, muy temprano, llegué al Sanatorio con otros planes para Paulito, empeñados en no darle tregua. Estaba adoptando a ese niño; sentí pena por sus padres, por él mismo y en especial por Mariana, la joven que me había cautivado con su sencillez.

Sacando a mi paciente de la cama, lo esperé para desayunar y juntos salimos al jardín.

– Paulito – le dije con determinación –, el jardín del hospital necesita atención; tú que eres del ramo, tus padres son agricultores; por lo tanto, debes saber cómo manejar una escoba...

Al observar la juncia en medio de la hierba descuidada, Paulito respondió:

– Dr. Inácio, sin azada será difícil...

– Ahora, hijo mío – le dije, agachándome para mostrar cómo se debe hacer –, aquí no podemos tener azadas, todavía no... Arranca la mala hierba con las manos; la tierra es blanda... Arreglemos esto aquí. El trabajo, Paulito, es una bendición.

Mostrando buena voluntad, el muchacho se inclinó y comenzó, con relativa facilidad, a arrancar las malas hierbas que crecían junto al trigo, malas hierbas que él mismo debía arrancar de su propia alma...

Le compré una escoba nueva y un cubo de basura para que pudiera recoger las colillas – la mayoría debían ser mías – y envié a alguien al gallinero a buscar un poco de estiércol para los rosales marchitos...

De vez en cuando miraba a Paulito a través de una pequeña ventana. Efectivamente, el niño nació para cuidar la plantación. Si pudiera mantener el equilibrio, sería un excelente ayudante para el Sr. Juliano, en la hacienda, en Capão–da–Onça.

En apenas unas horas de servicio, el jardín semiabandonado había tomado otro aspecto. A la hora del almuerzo, comiendo con una camiseta sudada, Paulito comentó:

– Me siento mucho mejor; siento que estoy volviendo a mis mejores días... ¿Podría usted, Dr. Inácio, traer algunas plántulas de margaritas. En esta época del año lucen hermosas; son las flores favoritas de mi madre y también de Mariana...

– Ya me ocuparé, Paulito – respondí, preguntándome dónde encontraría tiempo para ir a Flora Lempp, en la calle Alfonso Ratto, pero para ese chico todo valió la pena.

Mi paciente se comió dos platos derramando arroz, frijoles, yuca cocida casi desmoronándose, okra, puerco y polenta... Aun ahora, aun después de mi muerte, se me hace agua la boca con solo recordar el menú; aquí, en la vida espiritual, uno de mis principales quejas ha estado relacionada con la comida: no tiene consistencia; nos la metemos en la boca y no encontramos nada para masticar... creo que, en el más allá, ¡las cocineras están todas sin trabajo...! Recuerdo que, apenas llegué, cometieron el error de preguntarme:

– Hermano Inácio, ¿tienes hambre...?

– ¡Muchísima! – Respondí, sin ceremonia.

– ¿Qué te gustaría comer, qué tenemos aquí para servir...?

Antes que me entregaran un folleto con una lista interminable de caldos reconfortantes, pregunté:

– Quiero una copa de vino de Oporto, una lata de atún de primera, buen aceite de oliva portugués, pan tostado de la panadería cerca de casa...

Sonriendo, los amigos espirituales que cuidaron de mi recuperación dijeron:

– Tenemos zumo de manzana, avena por excelencia, copos de germen de trigo, ensalada de pétalos de flores...

Sin dejarme vencer por su argumento, añadí:

– ¡Vaya! Y luego quisiera que me trajeras... un cigarrillo...

Definitivamente, las cosas – casi todas – que me gustaban se habían quedado en la Tierra; el camino era conformarme... Recordé ciertas palabras de Cristo que había leído en las páginas del Nuevo Testamento: "Mi comida es hacer la voluntad de mi Padre..."

Dejemos; sin embargo, a un lado estas consideraciones inferiores, pues al leerlas, es posible que alguien comente:

– Inácio no se desprendió: hasta el día de hoy sigue ligado a los deseos del hombre mundano. Fue espírita durante tanto tiempo y no entendió nada...

¿Quieres saber mi respuesta a ellos?

Les muestro la lenguas, como lo hizo Einstein, burlándose de los presuntuosos científicos, los que desairaron a la Teoría de la Relatividad. No soy Einstein, pero aunque estoy muerto, todavía tengo lengua. Puede que no tenga otros implementos orgánicos – no pude verificar mi anatomía en detalle –, pero sí tengo una lengua.

Por la tarde, le llevé plantones de margaritas a Paulito y un poco de helecho arborescente violeta, para decorar las mesas del refectorio.

De ahora en adelante – le dije a mi alumno – el resto de la responsabilidad del jardín es tuya: el jardín, Paulito, mostrará por fuera cómo eres por dentro...

– Entonces – respondió, revelando, por primera vez, algo de sentido del humor –, todavía voy a tener mucho trabajo por hacer...

23.–
LECCIÓN INOLVIDABLE

Durante nuestra visita a doña Querubina, doña Modesta y yo entablamos un diálogo inolvidable, que por cierto nos sumó mucho: a pesar de su sencillez, la buena señora tenía una lucidez espiritual envidiable.

Cuando llegamos a su choza, la encontramos con el pie inmovilizado, apoyada en un viejo sillón que había recogido del basurero cercano a su casa; ciertamente, algunos ricos se deshicieron de él, sin preocuparse que pudiera serle útil a alguien...

– ¿Cómo está, hermana? – Preguntó doña Modesta, descargando las compras que le habíamos llevado sobre la mesita de la cocina.

– Estoy mejor, hija mía, la divina providencia no nos desampara. Desde que me pasó esto, he notado ciertos cambios en el comportamiento de los chicos...

Apareciendo en la puerta, los dos nietos casi adolescentes de doña Querubina, con ojos sobresaltados, se fijaron en nosotros, retraídos, colocándose al lado de su abuela.

– Cosme y Damián – nombres con los que los gemelos habían sido bautizados –, ahora están siempre conmigo; antes vivían en la calle... ¡Hasta están aprendiendo a cocinar! Si a alguien se le ocurrió hacerme mal, al final me hizo un favor; estos dos no me obedecían – observó la señora, con un pañuelo muy blanco atado en la cabeza.

– Un espíritu que se comunicó en el Sanatorio, doña Querubina, dijo que él fue el autor de la caída que tuviste... – comenté, esperando lo que diría.

– Nada, hijo mío, nos sucede si no es por voluntad del Padre; ciertamente era parte de mi karma... Recuerdo que de niño me divertía empujando a mi pobre tío, el hermano de mi madre, a la casa. Siempre he sido muy acosada por los espíritus... El agente de la Ley fue quien me perjudicó...

Queriendo poner a prueba la sabiduría de la madre de santo, mujer de mayor fe que la mía, respondí:

– Pero ¿dónde estaba el padre Jacob...?

– ¡No blasfeme, doctor! – me regañó, haciéndome avergonzar –. Sabes que nuestros protectores tienen mucho que hacer; el padre Jacob no está a mi lado todo el día, su protección lo está; podría, por ejemplo, haberme golpeado la cabeza con una piedra. Pesado así, sería un golpe fatal, ¿no crees?

– Me estoy burlando de usted, doña Querubina – traté de explicarme.

– Lo sé, hijo mío. Nosotros, los médiums, también tenemos nuestros momentos de vigorización. La gente piensa muchas tonterías. Y en momentos como estos, cuando los espíritus de las tinieblas nos alcanzan...

Doña Modesta, que seguía todo, notando ahora el cariño de aquellos dos mocosos con su abuela enferma, comentó:

– Yo también, mi hermana, como médium, he sufrido. Hay días en que los espíritus me atormentan todo el tiempo; clamo por la protección del Dr. Bezerra, pero, aun con las oraciones que hago, los obsesores continúan... Me dicen cosas horribles al oído, incluso tratando de alentarme al suicidio.

– Así es, hija mía – confirmó la curandera, con el evidente propósito de consolar a doña Modesta –. ¡No te preocupes por eso! Veo cosas horribles que me muestran; con una vieja y, increíble, hasta con sexo me toman el pelo... rezo todo el tiempo, enciendo mi pipa, mis velas y... voy a lavar la ropa. ¡Ay del médium que no busca ocupar su mente...!

– No entiendo a estos espíritus – dije –, me pregunto si no son conscientes de su propia mortalidad y no saben que, un día, tendrán que regresar a la Tierra y que cosecharán exactamente lo que ellos sembraron...?

– Lo saben, doctor, la mayoría sí – respondió la hermana que, en mi opinión, nunca había leído ni siquiera un libro –. Pero de nada sirve creer en la reencarnación; creer que la vida continúa después de la muerte, no cambia a nadie... Lo que cambia a las personas es el Evangelio. Usted es un hombre que lee mucho y sabe, doctor, que la creencia en la reencarnación no es nada nuevo, hay personas que, incluso después de la muerte, no quieren cambiar; tarda mucho en marcar el paso. Los *exus*, por ejemplo. Hablo con muchos de ellos en mi casa; el padre

Jacob les sermoneaba, explicándoles pacientemente el camino del Gran Maestro, pero nada: no tienen capacidad mental de asimilación; son niños – actúan por instinto, por egoísmo, no creen en nosotros...

Preocupada, doña Querubina, rompiendo el hilo del tema que me interesaba, dijo, tratando de moverse en su sillón:

– Necesito hacerte un poco de café; hoy me quedé sin azúcar, pero vi que trajiste...

– No te preocupes, hermana mía – avanzó doña Modesta– . Es casi la hora del almuerzo y no podemos tardar mucho; el movimiento en mi casa también ha sido intenso...

– Dios te de fuerzas – bendijo la *ialorixá* levantando los brazos al aire que no lo puedes creer; se que usted lidia con mucha gente perturbada; y el doctor lidia con los que están encerrados, pero usted lidia con los que están sueltos, ¡y ellos son más numerosos…! ¡Ha venido aquí mucha gente que ustedes ni creerían, gente de sociedad, gente con mucho dinero, pidiéndome cada cosa...!

Nadie quiere tener nada que ver con la caridad, solo quieren deshacerse de los malos fluidos, conquistar a un hombre o una mujer, tener éxito en los negocios... Trabajar sucio, yo no. Si lo hiciera, estaría mejor en deuda; lo que hago es incorporar a mis guías y dar consejos a estas personas...

Y, volviéndose hacia mí, al darse cuenta que ya había consultado mi reloj de bolsillo, preocupado por las tareas que tenía por delante, insistió:

– Bueno, Doctor, no dejemos de creer a nuestros amigos los invisibles; si el Padre permitió que mataran a Jesucristo en la cruz, ¡¿no me permitiría a mí una simple caída?...! Cosme y Damián van a pasar unos buenos días a mi alrededor, los suficientes para que aprendan algo. De la escuela vendrán directo a casa, porque como ves yo no puedo hacer nada. Tendrán que cocinar, lavar, planchar, barrer la tierra... Antes que el rosal esté acribillado de espinas, las rosas no aparecen...

Nos despedimos. Dejando a doña Modesta en su casa, almorcé y caminé hasta el Sanatorio, reflexionando sobre las palabras que nos había dicho doña Querubina.

24.–
REENCARNACIÓN Y EVANGELIO

Mientras subía al Sanatorio, iba pensando, casi diciendo:

– Sin duda, si el hombre no acepta el Evangelio, el conocimiento de la reencarnación poco aportará a su espíritu. Conocer la verdad no es suficiente; el conocimiento del Amor se hace indispensable... Aquella legión de inquisidores desencarnados que últimamente poblaba el Sanatorio, dejó bien claro que, sin la plena aceptación de Jesús, nadie cambia, el tiempo pasa por fuera, hacen su trabajo por fuera, pero por dentro todo sigue igual, para ellos, lo que hicieron y lo que siguen haciendo fueron testimonios de fe... ¿Cómo convencerlos de lo contrario? ¿Será que, en el plano espiritual, no existiría una especie de cirugía capaz de interferir en la disposición íntima del ser, ahorrándole siglos de sufrimiento...?

Reflexionando sobre estos asuntos, no lo vi cuando estacioné el auto y, antes de entrar a la oficina, se me acercó una pareja de Franca, trayendo consigo a una señora:

– Doctor – me dijeron ansiosos por librarse de la mujer, que me pareció ajena al propósito de aquellos dos –

venimos de Franca, trayendo a esta tía nuestra; queremos dejarla aquí...

– Pero, ¿cuál es el problema? Pregunté, lista para darles una lección. Me indignaba, cada vez que sorprendía a los familiares queriendo deshacerse así de la presencia de sus seres queridos...

– Está loca... Es un hospital de lunáticos aquí, ¿no?– Preguntó el chico impaciente, con mayor locura.

– Este es un centro de salud mental – respondí, tratando de retrasar mi explosión lo más posible.

– Nosotros pagamos – fue el turno de la mujer, exhibiendo valiosas joyas: anillos y collares de oro, tachonados de diamantes –. Esta es mi tía, la hermana de mi madre, está perturbando nuestras vidas; Mamá murió hace quince días y no podemos asumirla...

– Pero esto no es un hotel – observé compadeciéndome de la situación de la mujer que, a diferencia de su sobrino, ni siquiera tenía un arete en la oreja –. Cuido un hospital; los enfermos no vienen aquí a vivir... Nosotros no tenemos esa responsabilidad.

– ¿No son espíritas, seguidores de Chico Xavier? – Cuestionó, con ironía, el joven, desde sus treinta y unos pocos años, a los que, en otros tiempos, hubiera agarrado por el fundillo y tirado en medio de la calle.

Esa pregunta; sin embargo, había sido la gota que colmó el vaso para mí. Seguramente sin esperar mi reacción frente a una pequeña multitud de espectadores, abrieron los ojos como platos, escuchándome decir:

– Escucha, ¿viniste de Franca a ofendernos en Uberaba? ¡Ahora, tengan santa paciencia...! Ustedes dos son los que necesitan quedarse atrapados aquí. ¡¿Dónde has visto esto, con ganas de deshacerte de tu tía así?! Si la encerramos, nunca volverás a aparecer. Estoy cansado de tratar con gente como ustedes dos... La compadezco, pero no es nuestro compromiso espiritual. Seguro que estás deseando disfrutar de la herencia tú solo, ¿no? Los denuncio. Soy un espírita, pero no soy un tonto. El dinero aquí no compra a nadie. Si fuera pobre, le daría la bienvenida: aquí tenemos muchos comiendo y bebiendo a expensas del Sanatorio... Salgan de aquí por favor – les dijo transfigurado.

Te juro que, cuando hube terminado de aplastar a aquellos dos, en el ejercicio de la caridad de la franqueza, vi sonreír a aquella dama demente...

La atrevida pareja, suponiendo que yo, y con razón, estaba más loco que mis locos, nada respondió, ni siquiera me esperaba eso

Seguí hablando toda la tarde. ¡Fue una excelente terapia! Todos trabajaron bien, los enfermos no se molestaron y los espíritus de las tinieblas, seguro, se fueron al sótano, que es realmente el lugar de los fantasmas que vale la pena...

A veces me vi obligado a tales reacciones. Absolutamente, no podía tolerar que alguien evocara mi condición espírita para ponerme en ridículo; Me sentí, como me siento todavía hoy, muy honrado de ser espírita, pero no venían conmigo a hacer alguna referencia al Espiritismo solo cuando les interesaba. Los espíritas siempre han sido identificados como criaturas caritativas, tolerantes, pero quienes admiran nuestro trabajo asistencial no están dispuestos a abrazar la causa que abrazamos; es más cómodo para su conciencia seguir como están...

Cuando ya casi terminaba la jornada de trabajo, más tranquilo, salí al jardín a conversar un poco con mi nuevo asistente de jardinería.

– ¿Qué tal, Paulito? – pregunté sentándome en una banca de piedra –. ¿Todo bien contigo?

– Ya me siento mejor, Doctor – respondió el joven, quien, poco a poco, me fue cautivando. Esos malos sueños se están desvaneciendo; soñé mucho con fuego, gente llorando, muriendo en la hoguera... Estoy más tranquilo. Tú eres el que parece nervioso hoy, ¿no?

– Oh, ¿escuchaste mis gritos, Paulito? – Pregunté, sonriendo espontáneamente.

– Ya oí, Doctor; no había nadie que no escuchara.

– Pues chico, la cosa está fea... ¿Crees que me equivoco? – Pregunté, interesado en escuchar una opinión diferente sobre mi comportamiento esa tarde.

– ¡No, no lo es, doctor! Yo habría hecho lo mismo... Alguien tenía que haberles dicho la verdad. Yo, que no me quedaré aquí para siempre, sigo imaginando la situación de alguien que es abandonado por la familia en un hospital como este. Ustedes aquí nos tratan bien, pero que no sea una prisión, ¿verdad? – Comentó el joven, mientras ató la boca de una bolsa de basura.

– Es una prisión, hijo mío, de la cual, por la gracia de Dios, pronto serás liberado, pero en cuanto a mí...

Paulito me miró con sus ojos redondos y expresión significativa. Había entendido la reticencia: pasaría toda mi vida dentro del Sanatorio, pareciendo un interno con libertad para ir y venir, un interno con un título de médico, curando las heridas de otras personas, ansioso por curar las suyas.

Estaba oscureciendo. El otro día tenía que pagarle a Chico Xavier la visita que me hizo. Cuando llegué a la antigua sede de la "Comunión Espírita Cristiana", en la Rua Prof. Eurípedes Barsanulfo, en Parque das Américas, el encuentro estaba por comenzar.

25.—
MENSAJE DEL
DR. BEZERRA

Cuando Chico me vio en medio de la verdadera multitud que lo buscaba, me hizo un gesto fraterno con la mano, pidiéndome que me acercara. Feliz, para una de mis raras apariciones en su casa de trabajo, me invitó a tomar asiento en la mesa y me presentó a varios amigos de diferentes partes de Brasil. En ese momento, el médium Waldo Vieira aun trabajaba en su compañía; lo recordaba bien, de los tiempos de las inolvidables reuniones de la "Unión de la Juventud Espírita..."

Luego de haber permanecido en trance por más de dos horas, atendiendo el servicio de prescripción homeopática, Chico regresó al salón donde el público se reunió y psicografió por casi dos horas más, recibiendo varios mensajes dirigidos a los presentes. Para mi sorpresa y deleite, hubo, por parte del Dr. Bezerra de Menezes, el famoso autor de *La locura bajo un nuevo prisma*, un pequeño mensaje para mí.

– *"Inácio, hijo mío – escribió el Dr. Bezerra, pacificando los anhelos de mi alma –, continúa tu bendito apostolado con nuestros hermanos víctimas de los terribles dramas del pasado –*

dramas que ellos mismos engendraron, por su deliberado distanciamiento de los deseos de la conciencia –, sublime baluarte desde donde Dios nos exhorta al bien y a la verdad. No te dejes desanimar en la tarea y no alimentes miedos infundados, ante el ataque sistemático de las tinieblas. Desde las esferas superiores, innumerables falanges comprometidas con el Evangelio permanecen atentas para que no les falte inspiración de lo mejor, ya sea en sus actividades al frente del hospital como en sus múltiples sectores de labor doctrinaria. Olvidémonos de la controversia con nuestros hermanos en la Iglesia, concentrándonos ahora en el esfuerzo de iluminar a los seguidores de la Tercera Revelación; la Doctrina necesita contar con la asistencia de colaboradores concienzudos, para que nuestros principios no sean manipulados en su aplicación... Así como pasó el tiempo de las mesas giratorias, el tiempo de las discusiones más feroces con aquellos que no piensan como nosotros pensamos va quedando atrás. Preparemos el mundo de la nueva era, cuidando, con mayor empeño, la renovación de nosotros mismos. Tu tiempo, hijo mío, es demasiado precioso para que tus energías sigan siendo consumidas por aquellos que no desean ver la Luz... Entendemos tu idealismo y respaldamos tu posición en defensa de la Doctrina; sin embargo, debemos contar con tu determinismo y buena voluntad con quienes anhelan emanciparse de su propio pasado sombrío, caminando, tras las huellas de Cristo, hacia el porvenir. Convencido que comprenderás nuestro llamado, te dejo, en mi nombre y en el de aquellos hermanos de ideal que, además de las estrechas dimensiones de la materia, se afanan en los cielos del Triángulo Mineiro al servicio de Jesús, en las bendiciones del Espiritismo. El compañero paternal, que te abraza..."

Lágrimas discretas y silenciosas brotaron de mis ojos, a través de los surcos de mis mejillas marcados por la intensa lucha de todos esos años... Entendí al Dr. Bezerra. De hecho, era hora de un desapego mental de esa polémica de décadas, una polémica valiosa con la que, tantas veces, había dormido y despertado.

Decidí, ahí mismo, terminar la etapa de mis artículos fuertes en las páginas de "La Llama Espírita" y ocuparme de las tareas del Sanatorio y del Hogar Espírita, que, reconozcámoslo, ya eran muchas.

Cuando el salón "Comunión Espírita Cristiano" se fue quedando más vacío, cerca de la medianoche, pude intercambiar unas palabras con Chico, agradeciéndole el mensaje que me había enviado el plano espiritual.

– Dr. Inácio – me dijo entonces – has hecho mucho por la Doctrina; como médico espírita, tu obra es reconocida incluso en el extranjero. *Nuevas direcciones de la medicina* y *La Psiquiatría frente a la Reencarnación* son obras maestras de nuestra literatura... El Dr. Bezerra tiene razón: realmente necesitamos cuidar más la organización de nuestras actividades; la Doctrina ha crecido mucho y no estamos preparados...

– Chico – pregunté preocupado, pero ¿cómo lidiar con los espíritus obsesivos de los curas que no nos dan tregua...? Tú estuviste hace un rato y pudiste...

– No te preocupes. Emmanuel me dijo que la mayoría de ellos serán enviados a una nueva existencia en la Tierra, incluido el que se llama Tomás, quien, desde los días de Eurípides, en Sacramento, ha liderado una extensa legión de inquisidores desencarnados... – respondió, dejándome estupefacto, porque, después de todo, ¿cómo podía saber la identidad del obsesor que atormentaba a aquella familia en Rufinópolis...?

Al notar mi silencio, la médium aclaró:

– No te dije nada, pero pude verte cuando visité el Sanatorio; sé de sus conexiones con el niño que permanece hospitalizado en el Sanatorio. Sin saberlo, lo están preparando para reencarnarse, lo que sucederá antes de lo que piensa.

– Chico – repliqué, recordando un fragmento del diálogo del espíritu obsesivo cuando la médium visitó el Sanatorio – Tengo la impresión que también te reconoció... Te llamó francés...

Mirándome significativamente, Chico cambió el rumbo de la conversación:

– Muchos de nosotros vivimos en Francia, Doctor: yo, tú, nuestra hermana doña María Modesta...

Y, sonriendo, concluyó, arriesgándose a decir:

– En el Espiritismo, todo el que no era sacerdote o monja era francés...

Agradeciéndole una vez más la deferencia con que me había tratado, miré el reloj y dije que tenía que acostarme; el otro día, muy temprano, como siempre, tenía que estar listo en el Sanatorio, sin un sábado, domingo o festivo...

Apenas salí de la "Comunión", encendí un cigarro y miré hacia el cielo estrellado, respirando la brisa nocturna que olía a yerba. Entre calada y calada regresé a casa dejando que el auto se deslizara suavemente por las calles desiertas de Uberaba.

A partir de ese día, rara vez estaría con Chico en persona; su creciente trabajo atrajo a un número creciente de admiradores y adherentes de la Doctrina...

Guardé conmigo las páginas que el Dr. Bezerra me había enviado esa noche; sin embargo, sin darles aviso; de vez en cuando los releía, y los releía tanto que terminé de memorizarlos, palabra por palabra... Después de unos años, cuando los busqué para enseñárselos a un amigo, estaban completamente destruidos, en parte comidos por las polillas y en parte, húmedo con el moho de la orina de los gatos, que había recogido mi colección encuadernada de "La Llama Espírita", justo donde había guardado el mensaje que Chico había psicografiado.

SEGUNDA
PARTE

26.–
EL REGRESO DEL OBSESOR

Ese día, en la mañana, cuando llegué al Sanatorio, recibí la desagradable noticia: Paulito había tenido una fuerte crisis en la noche. Al despertar asustado, comenzó a correr por el pabellón, molestando a los demás reclusos. Según Manoel Roberto, el chico estaba tan agitado que no parecía ser el mismo, el jardinero que en esos dos meses de trabajo había dado vida al jardín, mejorando considerablemente su aspecto. De la habitación en la que se había instalado tuvo que ser trasladado nuevamente a una de las habitaciones del sótano, quedando aislado. Cuando los internos del Sanatorio estaban en crisis, a veces se volvían peligrosos; anteriormente habíamos tenido experiencias desagradables en este sentido...

Tan pronto como me hice cargo de algunas cosas urgentes, bajé en compañía del diligente enfermero para visitar a Paulito, que estaba más tranquilo, aunque tenía los ojos vidriosos, como si hubiera tomado alguna droga.

– ¿Cómo estás, hijo mío? – Le pregunté, en un intento de calmar la situación –. ¿Qué pasó?

Cuando me vio, Paulito tomó mi mano y comenzó a llorar convulsivamente.

– No lo sé, doctor, no lo sé... – dijo al fin.

– Estaba cansado del trabajo del día y después de escuchar la primera mitad de un partido de fútbol en la radio, me fui a dormir. Tan pronto como me dormí, comencé a soñar. ¡Ese hombre otra vez...! Ese hombre que dice ser mi verdadero padre... Lo vi arriba de un carro, tirado por dos caballos negros, levantando un crucifijo en una mano... Me dijo que venía a tiempo, que me llevará con él, que soy la única persona que realmente le importa. Por lo que parece, este hombre odia a mi madre hasta la muerte... Tengo miedo, doctor, parece tener dominio sobre mí; cuando lo miro a los ojos, no puedo resistir; tengo la impresión de estar hipnotizado... Siento; sin embargo, que él no quiere hacerme daño, pero yo no quiero ir con él... ¡Por favor, ayúdeme, Doctor! Me siento temblando por dentro; no puedo controlar mis reacciones...

De hecho, Paulito estaba muy molesto. Evité, en lo posible, recetarle cualquier medicamento que fuera más agresivo con su conciencia, pero, mientras lo veía caminar de un lado a otro, mientras hablábamos, dando varios puñetazos a la pared, le pedí a Manoel Roberto que le diera una inyección. La experiencia había enseñado que la química de ciertas drogas, actuando en la química cerebral, aislaba la mente de la mente de los obsesores, como bloqueando su sintonía, era una forma de cerrar la puerta a su psiquismo...

– No te preocupes, Paulito – le hablé al joven, quien, luego de ser medicado, cayó en un profundo sueño por varias horas –. Te pondrás bien. No hay mejora sustancial sin la competencia del tiempo. Has progresado mucho; tengamos un poco más de paciencia...

El paciente se había encariñado tanto conmigo, y yo con él, que mi sola presencia lo tranquilizaba. Dejándolo más tranquilo y medicado, subí las escaleras y encontré a doña Modesta en mi oficina.

– Inácio – continuó diciendo, tan pronto como me acomodé en la silla giratoria –, no dormí anoche; tuve extrañas pesadillas... Ese espíritu, toda la noche lo pude ver en mi habitación...

Sin duda, el hombre del carro estaba trabajando de nuevo; después de una pequeña tregua, había comenzado de nuevo... Los espíritus obsesivos no se rinden fácilmente.

En ese momento, agradecí a Dios por estar desprovisto de toda sensibilidad mediúmnica: había dormido toda la noche...

– Me hizo amenazas, continuó la médium; mencionó varias veces tu nombre, diciendo que te quemaría en la hoguera... ¡Terrible, Inácio, terrible...! Estoy temblando por dentro.

Nunca me tomé las cosas demasiado en serio, al menos aparentemente no. Ese espíritu estaba empezando a trabajar en el Sanatorio y, en cierto modo, tuve que ignorarlo. Cuanta más atención prestamos al obsesor, mayor es la facilidad con la que se adhiere a nuestra mente. Conmigo, esa táctica no funcionaría. Tenía otros pacientes de los que preocuparme, la despensa del sanatorio que mantener llena, el personal que controlar... Ese espíritu obsesivo no controlaría mi tiempo. En silencio imploré ayuda desde Arriba, evocando mentalmente las figuras de Bezerra de Menezes, Bittencourt Sampaio, Eurípedes Barsanulfo y... el padre Jacob.

– Modesta – argumenté con la querida médium, a cuya devoción por la causa del Espiritismo en Uberaba tanto le debía –, el mismo fenómeno experimentó nuestro muchacho esta noche; está ahí abajo en el sótano – Tuve que medicarlo... Sin duda es el mismo espíritu – el hombre del carro.

– ¡Inácio, no tienes idea! Me mostró sus genitales; huelo a carne quemada... Intenta intimidarnos.

Encendiendo uno de mis cigarrillos de paja, comenté, todavía tratando de no darle demasiada importancia al asunto, con una generalización evidentemente injusta:

– ¡Padre fuera del cuerpo sí que es un demonio...! En mi opinión – predije – este hombre en la carreta está sintiendo algo, esta es la causa de su desesperación... Cuando sienten la reencarnación, los espíritus se ponen agitados. Mantengamos la vigilancia, Modesta.

Hablamos un poco más y, un poco más recuperados, la médium se retiró. Además de la tarea en el Sanatorio, doña Modesta se desplegó atendiendo a infinidad de personas que la buscaban en su casa – fueron consejos, pases, prescripciones; todo esto sin mencionar la institución de las niñas – el Hogar Espírita que también había sido concebido por ella y construido con esfuerzo y recursos de varios compañeros de ideal.

El martes por la tarde llegó la noticia:

Capão–da–Onça, doña María de los Dolores, madre de Paulito, intentó suicidarse prendiendo fuego a su ropa! Afortunadamente, estando cerca, el Sr. Juliano había logrado salvarla, a pesar de las quemaduras superficiales en los brazos y el pecho.

La situación era complicada; ese espíritu tenía un poder de actuación terrible... Cuando pensé en nuestra próxima reunión del miércoles, estaba aprensivo. Llamando a Manoel Roberto, lo orienté:

– Retire todo lo que haya en la habitación, incluidos los jarrones y los vasos... Solo deje la mesa y las sillas; De todos modos, no quiero que queden sillas. Y estaremos atentos. Te voy a pedir, especialmente este miércoles, que te pongas detrás de Modesta.

27.–
TOMÁS DE TORQUEMADA

La Sra. Modesta, en una reunión anterior, nos había aconsejado que la inmovilizáramos en la silla; sin embargo, yo estaba particularmente en contra de tal medida. Confieso; sin embargo, que lamenté no haber seguido su consejo.

Cuando comenzó la reunión, entrando en trance inmediato, el espíritu salió disparado por los labios de nuestra hermana, prácticamente transfigurado:

– Te estarás preguntando quién me usó, ¿no? ¡Pues tiembla! ¡Soy el verdadero Tomás de Torquemada, el Inquisidor General de España, designado por el Papa! Ya no me andaré con rodeos... ¡Herejes, me han estado desafiando durante mucho tiempo! Los pulverizaré... Antes era el de Sacramento. Se imaginó que podía conmigo; lo intentó por todos los medios, incluso viniendo, más tarde, personalmente a conocerme...

He estado en muchos lugares, pero hay muchos que usan mal mi nombre. ¡Nadie mandó más gente a la hoguera que yo...! ¡Dicen los historiadores que fueron 10,220...! Todos merecían morir, lentamente. Osaban desafiar la autoridad de la Santa Madre Iglesia; como lo estás haciendo ahora... Sin embargo, necesito ocuparme de un caso personal. No funcionó: esa desgraciada aun no ha muerto... Te doy un ultimátum: ¡Liberta a mi hijo! ¡Necesito de sus manos para estrangularla...!

Cuando el espíritu reveló su verdadera identidad, no me sorprendió tanto: según mis análisis, todo lo que necesitaba era que se declarara. Conocía la Historia de la Inquisición, en mi biblioteca tenía varios tomos que consultaba con frecuencia sobre el tema, buscando material informativo, para polémicas en la prensa.

– Torquemada es solo un nombre... – dije, alzando la voz para que el espíritu me dejara decir algo –. Ya no tienes ninguna autoridad; olvídalo – continué –. Ya has muerto... ¡¿Sabes cuánto tiempo ha pasado?! Siglos... Estás enfermo, necesitas tratamiento... Fuiste ubicado en esta casa por la divina misericordia, para ser tratado. Enfrenta la realidad. No te estoy faltando al respeto, pero olvida lo que ya no eres... ¡Pronuncias tu propio nombre como si pronunciaras el nombre de Dios! Te diré lo que necesitas oír. Desafortunadamente o por suerte caíste en manos de alguien que ignora totalmente tus títulos...

El hombre de la carreta, enfurecido, me abofeteó en la cara. Inesperadamente, la médium levantó la mano y, sorprendiendo, en sus rápidos movimientos a Manoel Roberto me había abofeteado.

Riendo severamente, habló con manifiesta alienación furiosa:

– ¡Conmigo tu táctica no ha cambiado nada!, aprendí a conocerte: ¡durante meses te seguí por estos pasillos! ¡Eres un fanfarrón...!

– Tu táctica – le respondí –, conmigo no funciona. Te reencarnarás te guste o no... Mejor para ti si quisieras. Estás cayendo en tu propia trampa; y lo mejor es que no sabes que hacer para liberarte... Para todos llega el momento...

El espíritu entonces cerró la mano del médium para darme un puñetazo y fue detenido por Manoel Roberto, quien paró el puñetazo en el aire...

– ¡Suéltame! ¡Suéltame! – ladró, escupiendo en mi cara –. Bastardo... ¡Sé quién eres! Abusas sexualmente de las enfermas de este Sanatorio, de las enfermas y de los enfermos... Intentó desmoralizarme delante de los compañeros, etiquetándome con palabras que me permito omitir aquí.

– No sirve de nada: no lo lograrás – le respondí, continuando –. Yo no soy sacerdote; soy médico y soy espírita, toco a mis pacientes con la reverencia con que un padre toca el cuerpo de su propio hijo...

Esto no es un monasterio. Me estás acusando de lo que hiciste, ¡¿recuerdas...?!

El espíritu se tapó los oídos con las manos de la médium…

– ¡Es mentira! ¡Mentira...! – Reaccionó, como quien ha caído en un engaño –. Eran devotas y devotos...

– Eran orgías en los calabozos – proseguí, tratando de debilitarlo, para luego añadir a mi discurso –, orgías regadas con vino... ¿A cuántos padres de familia has mandado al fuego, porque no querían entregar a sus hijas a tus instintos bestiales? ¿Los tuyos y los de tus secuaces...? ¡¿Cuántas?! ¡¿En el nombre de Cristo?...! –. Grité indignado, como si esos cuadros fueran proyectadas frente a mí.

– Deja de tutearme... – argumentó, quizás queriendo desviar la conversación –. Llámame por mi nombre: ¡Tomás de Torquemada! En España no había quien no temblara al oír pronunciar mi nombre...

– El hombre de la carreta, hermano mío, ¡simplemente el hombre de la carreta! El mensajero de la muerte, el ángel oscuro del Apocalipsis... ¡Olvida tu identidad! ¡Libérate del pasado! Un cuerpo nuevo te espera en la Tierra...

– ¡Nunca! ¡Nunca olvidar lo que fui...! Nadie respeta a los que no tienen autoridad. Aun no he terminado; las hogueras aun no se apagarán... Faltan ustedes, que huyeron para acá, ¿verdad?

– Eres un hijo de Dios, hermano mío... Estamos juntos en esta empresa. Nosotros representamos tu única esperanza... Aquí estamos cuidando al que fue tu hijo, pero ya no lo es; sus padres ahora se llaman Juliano y María de los Dolores...

– ¡No hables en nombre de esa miserable, de esa prostituta barata...! – dijo, con la médium retorciéndose en su silla, teniendo las manos de Manoel Roberto impidiéndole reaccionar más bruscamente –. Lo intenté, casi lo logré... Ella está ahí, sintiendo en su piel un poco de lo que me hizo sentir en el alma... No descansaré hasta verla arder en llamas...

De repente, una idea vino a mi mente y me aventuré:

– ¿Paulito es realmente tu hijo?

Con un gemido indescriptible, el espíritu obsesionado se fue, sin decir una palabra más, yo había tocado su punto débil, seguramente los espíritus amigos me habían asistido en la discusión.

Esa noche Manoel Roberto y yo estábamos preocupados por doña Modesta. Extremadamente cansada y sudando mucho, por primera vez – y creo que la única vez, antes de ir a casa, ayudada por una de las enfermeras del turno de noche, nuestra hermana pidió, después de la reunión, que se duchara.

28.–
MÁS DE
CUATROCIENTOS AÑOS

Al llegar a casa, volví a peinar algunos volúmenes de mi biblioteca, tratando de encontrar algo sobre la figura del ex inquisidor. Fraile dominico español Torquemada, nació en 1420, habiendo dejado el cuerpo en 1498, viviendo en la Tierra una existencia de casi 80 años. Según las deducciones que hizo, su espíritu, durante unos 462 años, permaneció en el espacio, resistiendo la bendición de la reencarnación. Sin duda fue uno de los líderes de las falanges del mal, y su actuación espiritual en el Triángulo Mineiro es conocida desde los tiempos de Eurípedes Barsanulfo, en Sacramento...

¿Cómo podía un espíritu permanecer en la ignorancia durante tanto tiempo? – Cuestionaba en el silencio de mis reflexiones, arrepintiéndose de sus errores –. ¡Qué equivocados están los que imaginan que, en el plano espiritual, todo se aclara de repente y el espíritu, sin más pérdida de tiempo, se convierte a la Verdad...! Con seguridad, hay espíritus que, permaneciendo al margen de la Ley, a la cual se oponen, habitan regiones desérticas de la Erraticidad – espíritus para los que el tiempo parece haberse detenido.

Mentalmente, Torquemada aún vivía en el siglo XV, aglutinando consigo a los espíritus que dominaba con su increíble poder de persuasión.

Por más que lo intentase, no conseguía entender esa situación, que, en algunos casos, tal vez podría ser arrastrada durante un tiempo aun más prolongado. Es posible que algunas entidades cristalizadas en el mal ciertamente no reencarnasen por cerca de unos mil años...

Meditando sobre lo que nuestros b   enefactores espirituales llamaron reencarnación compulsiva, concluyo que, en efecto, ciertos espíritus necesitaban tal medida para su propio beneficio.

Al día siguiente doña Modesta, viniendo de una de sus visitas al Hogar Espírita, pasó por el Sanatorio y pudimos conversar, un poco más tranquilos.

– Inácio – me dijo –, ayer la sesión fue muy difícil para mí... Estoy avergonzada, pero quisiera preguntarte: ¿te di una bofetada en la cara mientras estaba en trance?

– ¡Ay, Modesta! – respondí –, no nos preocupemos por ese detalle. El espíritu que recibiste nos tomó por sorpresa, a mí, a ti y a Manoel Roberto... No fue nada. Sucede. Sé de adoctrinadores que han sido duramente golpeados por los espíritus. Adelino de Carvalho y Joaquim Cassiano, según me contó este último, una vez fueron golpeados por espíritus que fueron llamados a adoctrinar en una hacienda cercana; el médium de efectos físicos era una criada – una niña de unos dieciséis años… Cuando ambos entraron a la residencia, los tiraron al suelo y se escuchó el látigo por encima de ellos…

– Ya escuché esta historia, Inácio, y te pido que me perdones; he incorporado varios espíritus, pero ninguno como este. En ciertos momentos de incorporación, me deja totalmente inconsciente. Sabes que en la mayor parte del tiempo, funciono como un médium consciente o semiconsciente. Nunca había experimentado un trance a niveles tan profundos... Anoche, mientras me duchaba, como quería deshacerme de esos fluidos que impregnaban mi cuerpo, cuando sentí que me dolía la mano izquierda, se me pasó por la cabeza la idea que, a través de mí, esa entidad te atacó...

– Fue una muy buena bofetada, Modesta... – bromeé, buscando relajar el ambiente –. Fue un verdadero pie–de–la–oreja... Jesús también recibió un golpe, ¿no? Fue un cobarde, golpeándome con la mano de una señora... Si el médium hubiera sido Manoel Roberto, por ejemplo, los habría atrapado a los dos, al espíritu y al médium... ¡Confía en mí!

Habiendo logrado mi objetivo, que era hacer sonreír a doña Modesta, comenzamos hablando de la mediumnidad, uno de los temas que más me cautivó siempre en el Espiritismo.

– Me pregunto, Modesta, qué sería de estos espíritus, si no pudieran ponerse en contacto con nosotros, los encarnados... ¿Cómo se produciría su iluminación en el mundo espiritual?

– El asunto es complejo, Inácio. Verás: no hace mucho, estando en casa orando, se me apareció el espíritu Eurípides Barsanulfo. Preocupado por la situación que estamos viviendo en el Sanatorio, le pregunté la razón por la cual las entidades reacias no se iluminaban en el más allá... Me respondió afirmando que no es por falta de compromiso de nuestros mayores que esto no suceda;

144

según Eurípides, el problema es la falta de receptividad psíquica: estas entidades han dejado el cuerpo, pero continúan viviendo en el subsuelo de la vida. Incluso me mencionó el caso del espíritu profeta Samuel, quien, según la Biblia, subió a hablar con Saúl, a través de la facultad mediúmnica de una pitonisa... Ahora bien, si Samuel subió, es porque su espíritu, a pesar de haber sido uno de los profetas más famosos de la antigüedad, se encontraba recluido dentro de la corteza...

    – Releyendo, hace unos días, *Nuestro Hogar* – comenté –, de André Luiz, se me ocurrió que la referida ciudad espiritual es la pionera en los cielos de Brasil: mientras los hombres colonizaban aquí abajo, los portugueses desencarnados colonizaban allá arriba..... Dónde entonces, por ejemplo, estaban o vivían los espíritus desencarnados – ¿los pioneros, los indios, los jesuitas, los invasores...? Ciertamente, no estuvieron ausentes de las selvas; es decir, de la periferia de la corteza planetaria. Vivían en lo que Allan Kardec lo llama Erraticidad, ¿verdad?

    – Y esto, Inácio; el mundo espiritual, en las dimensiones cercanas a nosotros, aun se está civilizando... Jesús oró a Dios pidiendo obreros para la mies; nuestros bienhechores han sido desplegados, pero son pocos en número – y, entre los de buena voluntad, raros son los que tienen algún poder espiritual... Nosotros, los médiums, somos los aguijones que estos pioneros del espíritu están abriendo en el selva de la ignorancia humana. En la mediumnidad todavía no tenemos caminos anchos y pavimentados: tenemos senderos angostos y senderos resbaladizos.

29.–
CONTINUANDO LA CONVERSACIÓN

Ese, para mí, fue uno de los diálogos más importantes en los que he podido participar.

Doña Modesta; su experiencia como médium fue notable, lástima que, a pesar de mi insistencia, nunca se atrevió a plasmar sus impresiones en papel.

– A veces, Inácio, los espíritus me cuentan muchas cosas que, en los libros, ya no están claras.

– ¿Y tú crees que ahora Torquemada aceptará la reencarnación...?

– Siento que tiene miedo; a pesar de haber salido del trance, su espíritu, por mecanismos que no explico, sigue ligado al mío... Lo que dijo en la reunión del miércoles pasado fue mucho menos que los pensamientos que me dejó, pensamientos y sensaciones. La espiritualidad superior se compromete a ayudarte. Ya no tiene la fuerza que imagina y, sintiéndolo debilitado, sus propios comandados, que antes lo obedecían ciegamente, ahora se amotinan; Torquemada se va aislando...

– Tengo la impresión, Modesta, que Paulito no es su hijo.. – dije, conservando la clara sensación que, a través de los oídos de la médium, el ex inquisidor me escuchaba.

– Estoy segura que no – observó la médium, ampliando los comentarios –. Detrás del espíritu violento que era, sospecho que había un hombre que no podía satisfacer a la mujer que amaba; sin embargo, cuando tomó a ese niño en sus brazos – y todo ser, por abyecto y vil que sea, tiene sus momentos de lucidez y emoción –, su corazón latía de otra manera. Ese niño fue y, hasta el día de hoy, sigue siendo objeto de sus afectos, su salvavidas espiritual... ¡A ver qué sabio es Dios!

– Entonces, ¿Torquemada ha estado pensando en acercarse al chico...?

– Sí – respondió la médium – salvo que, en mi opinión, le gustaría tener al chico en su compañía al otro lado de la vida, pero no tiene valor para hacerle daño... Lo ha intentado todo, pero cada día que pasa, se acerca una nueva cuna en la Tierra, una cuna que, dicho sea de paso, solo Dios sabe cómo será, su mente, profundamente enferma, interferirá en la formación de su cuerpo físico.

"¿Crees que puede reencarnarse con deficiencias? Pero entonces, ¿cómo podemos convencerlo que lo haga...? Un espíritu como él nunca aceptará...

– Bajemos la voz, Inácio, sobre el asunto – me advirtió doña Modesta –. Hay que compadecerse de los expósitos, de los huérfanos, de los que renacen con problemas de idiotez, de los que presentan tumores en sus cuerpos de recién nacidos, de los que no caminan y no hablan... Están siendo tratados, a través de la bendición del olvido temporal. Olvidar lo que fuimos y lo que hicimos justifica cualquier existencia en el cuerpo de carne, por breve que sea; la anestesia que recibimos en la memoria, cuando nos sumergimos en el proceso de la reencarnación, es un paso decisivo hacia nuestra redención... Mucha gente se cuestiona cuál será la existencia de un niño que no vive más que unas horas en los brazos de su madre, valdrá la pena... Y una visión estrecha de estas personas; tales existencias, desde el punto de vista físico, son un verdadero fracaso, pero, desde el punto de vista espiritual, son bendita providencia – el choque biológico al espíritu lo induce a olvidarse de sí mismo...

– Torquemada aun no ha olvidado que fue Torquemada... – comenté, comprendiendo el alcance de las explicaciones del ilustrado colaborador.

– Desafortunadamente aun no; si logramos ayudarlo en su indispensable regreso al cuerpo, recibirá otro nombre, hablará otro idioma...

Y, en un arranque de inspiración, añadió:

– Aunque no pueda vivir muchos días; incluso si no puedes ser plenamente consciente de tu entorno...

– Si no aprovecha la oportunidad que, según me parece, está siendo esquematizada por la espiritualidad, podría permanecer otros cuatrocientos años más o menos así... – repliqué, con pesar.

– Solo Dios lo sabe, Inácio. A pesar de la fragilidad del poder que pude sentir en su espíritu, Torquemada todavía es seguido por una verdadera legión: espíritus de ex inquisidores y otros ociosos del más allá, espíritus ociosos que no tienen intimidad con el bien... Sin la presencia del jefe, habrá que deshacer el grupo, que antes era mucho más numeroso; será entonces el momento de una acción más eficaz de nuestros benefactores. Preparémonos para recibir aquí a estas estrellas fugaces, espíritus que nos darán mucho trabajo, más trabajo en el cuerpo que fuera de él...

– Me alegro de no ser candidato a padre...

– Y las chicas del "Hogar", Inácio, ¿no serán nuestras también? ¿Qué pasa con los enfermos cuyas familias se olvidan bajo sus cuidados? ¿Y cuántos Cosmes y Damianes, nietos de tantas doñas Querubines que habitan las periferias? ¡¿Y los niños que crecen en las calles escuelas gratuitas para la delincuencia...?!

– Solo estoy, querida, tratando de fingir que no tengo nada que ver con esto, pero sé... Veamos el caso de Paulito. Me rompe el corazón ver a este chico así. Cuando pienso en lo que le espera, recibir como hijo a ese hermano nuestro...

– Inácio, bajemos la voz – me volvió a advertir mi compañera de mediumnidad en el Sanatorio.

Los minutos habían pasado. La conversación aclarativa me había aclarado el razonamiento. De ahora en adelante, trabajaría para cooperar más efectivamente con el espíritu del ex inquisidor. Yo, que odiaba a los sacerdotes, me veía obligado a acercarme a los peores de ellos. Pensando así, sonreí y me acerqué para ver cómo estaba mi paciente.

Recuperado de la crisis, yo mismo abrí la puerta y saqué a Paulito del sótano. Poniendo mi brazo sobre su hombro, comencé a hablar:

– Paulito, estoy pensando en dejarte que visites a tu madre... ¿Qué dices? ¿Te sientes preparado?

– Me encantaría, Dra. Inácio – me respondió, avergonzado –. Ella no podrá venir aquí pronto. Entonces yo también aprovecharía para ver a Mariana...

– Pero no irás solo – le expliqué– , el domingo le pediré a Manoel Roberto que te acompañe, irán a almorzar y volverán antes que oscurezca, ¿está bien?

– Como mejor te parezca... Estoy muy triste; mi padre está sufriendo mucho...

30.–
FRAGILIDAD HUMANA

Aquella tos persistente que me aquejó durante casi una semana no era un ataque de bronquitis: era neumonía; fiebre, escalofríos, dolores corporales, sobre todo a nivel de los pulmones... Durante cinco días permanecí en cama, privado de lo que consideraba mi único vicio – cigarrillos – , tomando antibióticos y antipiréticos.

El sábado por la tarde empeoró y, por lo tanto, el domingo no pude estar en el Sanatorio atendiendo a los visitantes y dando recomendaciones a Manoel Roberto, que acompañaría a Paulito a Rufinópolis.

Sin poder salir de casa, sintiéndome extremadamente débil, comencé a reflexionar sobre la fragilidad humana. Si desencarnaba con esa neumonía, ¿cómo me presentaría en el mundo espiritual? De hecho, todavía no tenía nada concreto en beneficio de la Humanidad. Mi guerra contra los sacerdotes olía a disputa personal... ¿Estaba combatiendo a la Iglesia por idealismo o por el placer de exhibir una cultura académica en las páginas de los periódicos? Alguien una vez me saludó diciendo: "¡El gran Dr. Inácio Ferreira...!" Les confieso que me sentí un poco halagado, cada vez que mi nombre era pronunciado con prominencia... Si esa neumonía, fruto de mi vigorización con el hábito de fumar, me llevó al más allá,

¿cuál sería mi nombre más allá de las fronteras de la muerte? ¿Qué valdría el título de Doctor, en mis precarios conocimientos médicos? En el Sanatorio, casi todo giraba a mi alrededor; ¿qué tendría que hacer yo, sin el hospital como punto de referencia...?

Mi anciana madre había llegado con una taza de té caliente, amamantando a mi lado.

– Inácio, hijo mío – me dijo llena de cariño –, ver si cambias; el cigarrillo es un veneno, desde la casa puedo escucharte toser la mayor parte de la noche; eres médico y estas arruinando tu propia salud...

Le di las gracias por el té y murmuré algunas palabras que no estaban de acuerdo con ella, pero sin querer molestarla. Mamá vivía en una casa en la parte trasera de la mía, y junto a ella, aunque yo tenía casi cincuenta años, siempre me sentí como un niño. Eso me molestó, como creo que molesta a mucha gente que, imperceptiblemente, se deja arrastrar por el simplismo. Siempre estuve demasiado ocupado para darle a mi madre la atención que merecía – mis asignaciones intelectuales en el Sanatorio, la Francmasonería, los libros y las conferencias me absorbían...

Cuando mamá salió de la habitación y me arrojó otra manta de lana, continué con mis cavilaciones. Recordando lo que André Luiz, que había sido médico en la Tierra, había dicho sobre el tiempo que pasó en Umbral, según las excelentes narraciones de *Nuestro Hogar*, tuve miedo, miedo de enfrentarme a mí mismo; No fui del todo malo, pero lo reconozco un poco arbitrario en mis decisiones, mi palabra terminó por prevalecer en todo, eventualmente solo me doblegué a los argumentos de doña Modesta y de los benefactores espirituales que se manifestaron por ella; en el

Sanatorio, yo era el jefe, el patrón, y por lo tanto, aun cuando estaba equivocado, tenía razón...

¡Que tonto! Ahí estaba yo, temblando en la cama, respirando con cierta dificultad y mirando la cajetilla de cigarrillos sobre la mesita de noche... ¡Oh, Dios mío, tenía ganas de encender un poco, aunque sea uno, esa noche! En ese mismo momento, pensé en los adictos, en los que me trataron ya los que recomendé fuerza de voluntad. Mi organismo estaba impregnado de nicotina... ¿Y las mentes impregnadas de malos pensamientos? No era de extrañar que, tras la muerte del cuerpo, los espíritus no consiguieran la ansiada renovación. Más tarde, como ya tuve oportunidad de mencionar anteriormente, la costumbre de fumar me costaría un esfuerzo enorme para deshacerme de él en el mundo espiritual.

Si no fuese por la bendición del sufrimiento, el espíritu no despertaría, el condicionamiento mental requería el concurso del dolor, la costumbre de equivocarse inducía al hombre a extraño proceso hipnótico.

Aquellos días pasaron con lentitud. A través de emisarios, controlaba las cosas en el Sanatorio. Estando en mi casa dos o tres veces, doña Modesta me dio el pase y me sentí mejor. En una de las ocasiones, el espíritu Eurípedes Barsanulfo, que la había acompañado, me dijo:

– "Inácio, hermano, las vibraciones negativas que has ido catalizando, en contacto con tus pacientes, han abierto un campo para la neumonía, no creas que el problema viene exclusivamente del cigarrillo. Trate de estar más atento. El cuerpo humano es susceptible a la enfermedad a través de los pensamientos malsanos que el hombre asimila. Quienes se ocupan de los desencarnados, en la tarea de adoctrinamiento, necesitan rezar más a menudo. Nunca te creas exento de cumplir tus funciones de médico y espírita que trata a los desequilibrados mentales, dentro y fuera del cuerpo."

De hecho, me había olvidado un poco de la oración; me creyó sin necesidad de pedir protección a los guías. Invariablemente confiaba en su cuidado; mi extrema confianza me había hecho indiferente a la oración, olvidando que la oración es una excelente renovación del dolor psíquico. A partir de ese día retomará paulatinamente el hábito de la oración, ejerciendo la humildad ante los Supremos Poderes de la Vida. No sé por qué los médicos generalmente piensan que están exentos de la oración. Creo que debe ser orgullo. Escribiendo contra las interminables letanías y los rosarios, sin darme cuenta, perdí el contacto más íntimo con Dios, ese contacto que, en efecto, solo la oración proporciona al creyente.

El sábado siguiente, ya levantado y capaz de conducir, llegué inesperadamente al Sanatorio temprano en la mañana. La tos persistente continuaba, pero necesitaba respirar. Apenas llegué, Manoel Roberto me informó de los últimos acontecimientos. En esa confusión de gente gritando y hablando sola, abofeteando y golpeando las paredes, caminando por los pasillos en constante ida y vuelta, todo estaba en orden, ¡el Sanatorio seguía siendo un sanatorio! Menos mal. ¡Qué lento, Dios mío, es el proceso de cambio...! No tenía ninguna esperanza que la mayoría de los internos se curaran en la presente encarnación. Estuvimos de centinela todo el tiempo, en espera de la gracia divina.

31.–
INFORMES DE MANOEL ROBERTO

En la primera oportunidad le pedí al ilustre Manoel Roberto que relatara, de manera sucinta, la visita que, en compañía de Paulito, había realizado a Rufinópolis.

– Dr. Inácio – me dijo sin; sin embargo, escatimar palabras –, doña María de los Dolores está completamente fuera de sí. Miraba a su hijo, pero tengo la impresión que no lo reconoció; él no dijo una cosa con otra; todo el tiempo le pedía agua a su esposo y estaba en la cama, entonces... Las quemaduras están bien, pero mentalmente... El Sr. Juliano, al no poder salir de casa, está descuidando el lugar; el arbusto crece alrededor de la casa... La que está cocinando y echando una mano a la pareja es la abuela de Mariana, doña Josefina. La niña también ha estado colaborando en la limpieza de la casa y todo el tiempo que estuvo al lado de Paulito...

– Y Paulito, ¿cómo se comportó? – Pregunté, yendo al corazón de la pregunta que me interesaba.

– Se portó bien; solo que, cuando íbamos de camino hacia aquí, me preguntó si no podía quedarse... Está triste, gruñón. He estado tratando de hablar un poco más con él, pero todos los días pregunta por ti, no sé, pero para mí, doña De los Dolores se va rápidamente de este mundo. Hablando con doña Josefina, la noté muy preocupada por el futuro de su nieta y de Paulito; creo que los dos no tardan en casarse, porque los dos solo se tienen el uno al otro...

Saliendo de la oficina, caminé hacia el jardín donde Paulito peleaba ferozmente con el arbusto, cuando me vio, sonrió un poco avergonzado y me saludó:

– Hola doctor. ¡Inácio! ¿Estás mejor de la neumonía...?

– Estoy un poco más fuerte – respondí, tratando de ocultar la debilidad en mis piernas –. ¿Cómo están las cosas en la granja?

– No están bien, doctor. Necesito recuperarme rápidamente; mamá está cada vez peor y papá está desorientado... Necesito que me den de alta pronto – aclaró el muchacho.

– No tardará mucho, Paulito; seamos pacientes... Tú, al no estar al cien por ciento, eres un inútil; sería una preocupación extra para tu padre. ¿Y Mariana? – Pregunté, con el propósito de animarlo.

– Mariana está bien, doctor. Queremos comprometernos; hablé con doña Josefina y no se opuso.

Solo dijo que somos muy jóvenes, pero admitió que ella misma se casó a los trece años; en el campo nos casamos antes que la gente de la ciudad...

– ¿Cuándo será el compromiso...?

– Tan pronto como me dé de alta y tenga dinero para los anillos; papá dijo que me da el suyo y doña Josefina para Mariana, pero no queremos...

Mis ojos se llenaron de lágrimas, las cuales luché por evitar que cayeran. Con un discreto movimiento de la mano, interrumpí la conversación y me fui a la cocina a tomar un café mezclado con manteca de pollo – la receta de nuestra cocinera para sacarme de los pulmones la flema atrapada –, receta más eficaz, lo confieso, que mis prescripciones de médico sin mucha convicción...

Después del desayuno, le pedí a Manoel Roberto, el Jefe de Enfermería, que me llevara a casa, un vértigo me hizo perder el equilibrio y tenía miedo de manejar solo.

A duras penas bebí el caldo caliente que había preparado doña María, mi madre; todavía no estaba libre de la tos, pero, no resistiendo la tentación, en contra de las órdenes médicas y maternas, encendí un cigarrillo escondidas, encerrándome en la biblioteca para fumarlo...

Sacando de mi bolsillo una pequeña colección de llaves, comencé a abrir cajones que estuvieron cerrados por mucho tiempo, sin saber exactamente lo que estaba buscando. Ese polvo no me sirvió de nada, pero el humo del cigarro lo "descontaminó" todo...

Hojeé papeles, cartas que debería haber roto, hacía ya mucho tiempo, viejos bloques de recetas, hasta que en el fondo de un cajón encontré lo que mi subconsciente andaba buscando. Abriendo una pequeña caja de metal, saqué una caja cubierta con terciopelo rojo; Estaban allí, intactos, según mis cálculos de casi treinta años – ¡un par de anillos de oro...!

Inmediatamente recordé la figura de aquella mujer que había conocido en un lupanar, en mis tiempos de bohemia – traje blanco, sombrero blanco en la cabeza, cigarro en la boca, anillo de graduación en el dedo... Me había enamorado de ella – Irremediablemente, me había enamorado de ella. Le propuse matrimonio, pero como ella vivía en Río, no pudimos hacer realidad el sueño que, creo, era más mío que de ella. Nunca nos volvimos a ver; intercambiamos algunas cartas; sin embargo, en su última carta, ella me dijo que sus pulmones estaban enfermos: los médicos sospechaban tuberculosis. Casi seis meses después, sin respuesta a las cartas que le había dirigido, me llegó correo de un amigo suyo, entregándomelo.

Me di cuenta que, por desgracia, había desencarnado; la tuberculosis estaba desenfrenada...

Nunca más pensé en casarme, pero me casé después, sin tener el coraje de usar ese mismo par de anillos que guardaba en secreto, como recuerdo de la joven que había conocido en un burdel: cabello largo, cabellos castaños que caían en rizos sobre sus hombros, ojos tristes y expresivos, labios tenues y una sonrisa singular – ¡para mí, la figura de María de Magdala!

Limpié el par de anillos con alcohol, le apliqué Kahol, tratando de recuperar el brillo, feliz por finalmente haber encontrado un destino para ellos. En el momento oportuno, se los daría a Paulito y Mariana, esperando que esos dos jóvenes fueran tan felices como yo no pude ser.

Puse la caja de terciopelo en el cajón, lo cerré con cuidado y subí a mi habitación, buscando el solitario consuelo de mi cama, llena de almohadones y cojines.

Dormí toda la tarde y debí haber tenido sueños maravillosos, porque cuando me desperté estaba de otro humor, más liviano, sin tanta dificultad para respirar y con un hambre de perro. Mamá vino a la hora del almuerzo con el caldo caliente, pero le pedí:

– Quiero bistec, mamá; Quiero comer un buen plato de arroz con frijoles y carne...

¡Para horror de los vegetarianos, así es como me recuperaría de la neumonía!

32.–
JUVENTUD ESPÍRITA

La noche del sábado fue un día de celebración para la familia espírita de Uberaba. Nos reunimos en la sede del Centro Espírita Uberabense, en los inolvidables encuentros de la "Unión de la Juventud." Evidentemente, además de los jóvenes, hijos de espíritas, también asistía la vieja guardia; eran encuentros festivos, distendidos... El centro regurgitaba, mostrando la fuerza de nuestro movimiento, que, contrariamente a los opositores de la Doctrina, se expandía ante nuestros ojos.

La banda del "Hogar Espírita" – la Banda–Show "Estrella Uberabense"–participó en el evento, se escuchó el muy afinado coro de niñas; jóvenes recitaron poemas y se dictaron varias conferencias, siempre con el objetivo de animar a los más jóvenes a abrazar con amor el Ideal.

Hoy, desde el mundo espiritual, observo con tristeza el desinterés de muchos dirigentes espíritas con la juventud, dejándola entregada a sus propios esfuerzos, sin estímulo y guía. Es una pena que esto esté sucediendo, porque los jóvenes espíritas son el futuro de la Doctrina – la mayoría de las casas espíritas se preocupan por reuniones mediúmnicas, marginando a los niños y jóvenes. Temo, en el futuro, por una solución de continuidad en el movimiento, con daños reales a la Causa. Los dirigentes de los Centros Espíritas necesitaban ser más responsables en este sentido. Aquí, permítanme recordarles la severa advertencia del Maestro: *"Se les pedirá mucho a los que han recibido mucho."*

En nuestros actos de los sábados, los más maduros dialogaban con los y las jóvenes, promoviendo en la tarea a los que más se destacaban por su interés y entusiasmo.

Ese día, el orador invitado fue el maestro Odilon Fernandes, uno de los compañeros espíritas más activos y uno de los mayores estudiosos de la mediumnidad y, al mismo tiempo, la obsesión que he conocido. Su palabra clara y objetiva fue fácilmente comprendida, sin dejar lugar a ninguna duda.

Luego de las acostumbradas presentaciones literario–musicales –siempre creí que el arte era un factor fuerte para conectar a los jóvenes con la Doctrina –, el Dr. Odilon salió a la tribuna y habló, ante el silencio de todos:

– Hermanos míos, necesitamos entender la mediumnidad de una manera más amplia. En mis estudios y reflexiones, he aprendido mucho. Nuestros benefactores espirituales no nos lo dicen todo: hay conocimientos que son fruto de nuestros esfuerzos y experimentos. La mediumnidad en la práctica es un verdadero laboratorio de revelaciones, en el que los más atentos encontrarán siempre grandes verdades. No debemos despreciar ninguna comunicación con el más allá; toda manifestación espiritual expone la psicología de los desencarnados y nos da una mejor comprensión de lo que nos espera, más allá de la muerte. Cada libro mediúmnico puede compararse a un trozo de un mapa que, poco a poco, se va dibujando, revelándonos la geografía de las dimensiones que habitaremos. El Espiritismo es una doctrina dinámica y, de acuerdo a nuestra capacidad receptiva, recibiremos las luces de lo Alto, los espíritus superiores no pueden anticipar nuestra capacidad de asimilación. El médium necesita prepararse, como se prepara un terreno para sembrar; sin suficiente tierra para producir, la semilla no crece... No podemos, como mediadores, relegar todo el trabajo a los espíritus, cuya respuesta a nuestros deseos es directamente proporcional a las preguntas que les hacemos. El medio debe verticalizarse a través de la sintonía y horizontalizarse a través del servicio, llevando, de una dimensión a otra, la información que constituye el llamado intercambio mediúmnico. El médium es un médium de los espíritus para contactar a los hombres y no aislarse, como hicieron mal los iniciados de las antiguas religiones. En el Espiritismo no se entiende un médium que no transpira en contacto con los demás, escuchando sus necesidades...

Las declaraciones del maestro Odilon, especialmente las de esa noche, fueron muy inspiradoras; tan pronto como comenzó a hablar, saqué una pequeña libreta de mi bolsillo y comencé a anotar los conceptos que, lamentablemente, me guardaba solo para mí, sin darles, en ese momento, la debida publicidad.

– El médium – continuó – se puede comparar con un espejo de doble cara, reflejando igualmente las imágenes de la Tierra al mundo de los espíritus. ¿Se nos ocurrió, quizás, la idea que el médium es la estación repetidora, a través de la cual los que damos por muertos pueden tener acceso a la información que quieren del mundo...? La mente del mediador –su psiquis – es una especie de archivo al que consultan los desencarnados, con mayor facilidad, para conocer noticias de nuestro plano existencial. Muchos compañeros encarnados, por ejemplo, nos han buscado en nuestras sesiones mediúmnicas en la "Casa do Cinza", deseando obtener de los espíritus determinadas respuestas a preguntas que no logran formular, temerosos del fraude... Ahora bien, al igual que ellos, los encarnados, no tienen la mente de dirigir a los espíritus, sin intermediarios, las preguntas que anhelan plantearles. Los espíritus tampoco encuentran en ellos una mente receptiva para responderles, sin tener que recurrir a la ayuda de médiums. ¿Estoy siendo lo suficientemente claro? Veamos que se añade al asunto la responsabilidad de los médiums en la tarea del intercambio. Cuanto más educado el mediador, menos obstáculos en la comunicación intelectual. Necesitamos estudiar y conocer, diseminando el conocimiento, para que los excesivos escrúpulos no se conviertan, en la mediumnidad, en un obstáculo insuperable. El fenómeno mediúmnico mismo ocurre a nivel del alma del médium, involucrando, digamos, subconsciente, consciente y súper consciente. En un lago sin peces, nadie pesca; del árbol estéril nadie saca fruto...

Caminando hacia el final, con su admirable capacidad de síntesis, Dr. Odilón consideró:

– En la mediumnidad, por lo tanto, no debemos aspirar a la inconsciencia – ya estamos dejando atrás ese tiempo, así como las mesas giratorias cayeron en el olvido, por una práctica obsoleta. El mundo espiritual queda cada vez más a la expectativa de la cooperación consciente de los mediadores, quienes deben, de una vez por todas, exorcizar el espectro de la duda de los sótanos de su psiquis; la cooperación consciente del médium con el desencarnado iniciará un proceso de asociación más responsable, en el que no solo el espíritu exige del médium, sino también el médium exige del espíritu...

Debido al incesante movimiento de las manecillas del reloj, el Dr. Odilon Fernandes puso fin a su notable conferencia, dejando para una próxima oportunidad un mayor detalle sobre el tema. Con la oración final teniendo siendo dada por una de nuestras habituales frecuentadoras, se clausuró el encuentro literario músico doctrinario, dando a los presentes una reunión informal, en los diálogos que se inspiraron en el cafecito, té, pasteles, pan de queso, en fin, todas las delicias de la auténtica cocina de Minas Gerais.

33.–
EL CONVERSACIÓN

– Odilon – dije saludando al compañero que, por costumbre, evitaba los cumplidos – , hoy te has superado a ti mismo... Yo no había leído nada parecido todavía...

– Ahora, doctor, no te excedas – respondió con su característica sonrisa –. Lo que dije no es nada nuevo para ti...

– Novedad, Odilon, puede que en realidad no lo sea, pero a veces nos falta una idea más clara sobre el tema; ya sabes, la mediumnidad todavía está rodeada de muchos tabúes...

– Tabúes, Dr. Inácio, que necesitan ser derrocado, porque impiden el progreso de los médiums; en general, nuestros hermanos médiums quedan a la espera que los espíritus reemplacen incluso su esfuerzo intelectual. Si eso fuera así, el médium no necesitaría tener un cerebro...

Mientras hablábamos en el pequeño círculo de amigos, se acercó una médium y pidió permiso para preguntarle al Dr. Odilón:

– Te referías a mi punto sensible – la duda... ¿Qué me podrías decir al respecto?

– Hermana mía, la experiencia – respondió el orientador mediúmnico de la "Casa do Cinza" – me ha demostrado que, con respecto a la duda, el mayor problema del médium no es dudar de la acción de los espíritus a través de él, sino la duda originada por sus fines reales en la mediumnidad. Me explico mejor: si el médium está en la mediumnidad para servir a los fines del bien, olvidándose de sí mismo, los objetivos superiores descalifican la duda. Contemplando los frutos, sería una tontería no creer en la existencia del árbol que los produjo... Ahora, en mi opinión, el mediador que duda demasiado es, inconscientemente, cuestionando sus intenciones en la mediumnidad; es decir, como está en la mediumnidad para satisfacer su vanidad, tiene miedo de exponerse al ridículo – por la Causa, no tendría nada que temer, porque actuaría, de cualquier circunstancia, bajo la garantía de una conciencia tranquila.

Otro señor, a quien no conocía, le dirigió al Dr. Odilón la pregunta:

– He estado trabajando en casa como médium... Me gustaría que me dieras una opinión. ¿Es correcto?

– Mi hermano – dijo amablemente el instructor consultado – la mediumnidad, dondequiera que se ejerza, siempre será una luz; sin embargo, los espíritas no podemos olvidar nuestro compromiso público con el Evangelio; es muy cómodo ser médium en casa, lejos del testimonio en el templo espírita... Necesitamos unirnos con nuestros compañeros de buena voluntad y darle un sentido práctico a la mediumnidad. Por lo que deduzco, sus contactos con el más allá solo te están sirviendo... Los espíritus superiores solo apoyan los esfuerzos del mediador que puede ser útil a un mayor número de personas, sin aislarse en el ejercicio de la mediumnidad. Nosotros, espíritas y médiums, necesitamos ser más participativos, dando nuestra parte para que el templo espírita permanezca abierto... Perdonen mi franqueza, pero eso es lo que pienso. Tenemos un número creciente de médiums trabajando en el centro espírita, pero lamentablemente, los médiums que faltan son aun más expresivos...

En este momento, una chica de diecisiete años de edad, graciosa como una orquídea, preguntó algo tímidamente:

– Me gustaría mucho ser médium, pero... ¿Crees que los jóvenes pueden hacerse cargo de la mediumnidad? ¡Hay tantas barreras...!

– Hija – rearguyó el requerido orador de la noche, la mediumnidad sí puede manifestarse en la adolescencia. Cuando con una tarea definida en este sentido, el mediador rompe con todas las dificultades y sigue adelante. Veamos el ejemplo de Chico Xavier, que empezó a psicografiar cuando tenía exactamente tu edad.

Sin embargo, si la mediumnidad, a través de sus más variados síntomas de manifestación, no nos exige trabajar, soy de la opinión que el joven debe prepararse mejor para una futura vocación, cuando, tal vez, digamos, esté con su personal la vida más resuelta.

Tomando un breve descanso, el Dr. Odilón preguntó:

– ¿Tu novio es espírita...?

– No, no es – ni él ni su familia; son fervientes católicos – respondió la joven, con un brillo intenso en los ojos.

– Hija, el espíritu, cuando reencarna – explicó el compañero –, trae compromisos en varias áreas. Tu interés por la mediumnidad es loable, pero quién sabe, tu karma, en la presente existencia, o sea, el punto sobre el cual deberás concentrar tus esfuerzos de redención ¿están ligados a lazos familiares o incluso profesionales? Para servir a la Doctrina, no necesariamente necesitamos ser médiums. Y luego, la mediumnidad se ejerce de muchas maneras...

Y bromeando, terminó la conversación:

– Yo, por ejemplo, no soy médium para nada, el único médium que tengo, si esto se puede llamar mediumnidad, es cuidar médiums que me dan un trabajo tremendo, médiums que si no están conmigo allá en la "Casa do Cinza", estará con el Doctor Inácio en el Sanatorio... Por cierto, Doctor – dijo con una amplia sonrisa en el rostro –, ¡no sé ni cómo eres espírita! En nuestros centros vivimos quitándote clientes; trabajamos día y noche para cerrar los sanatorios...

– No te preocupes, Odilon – respondí, tratando de corresponder a las burlas –. Ni siquiera tienes un tercio de los locos...

Eran pasadas las 10 de la noche cuando Odilon se despidió diciendo:

– Necesito irme; Dalva me está esperando... Si me demoro más, peleará conmigo. Además, con esta mirada de galán, ¿qué mujer no tiene celos...?

Mientras nuestro amigo se iba, me quedé unos minutos más en la sala conversando con Lilito (Emmanoel Martins Chaves), Roland Chaves Mendes, doña Modesta y varios compañeros más, elaborando planes para el próximo número de "La Llama Espírita."

Al llegar a casa casi a las 11 de la noche, me encontré con una nota anónima debajo de la puerta:

– *"Cerdo, espírita y masón... Lástima que ya no existan las hogueras de la Inquisición. Con mucho gusto te convertiría en barbacoa..."* – No transcribiré las obscenidades.

"Esto debe ser gente de Xandico – murmuré en voz alta, encendiendo un cigarrillo e incinerando la abyecta nota, como es imposible incinerar a su autor.

Xandico era el apodo del arzobispo de Uberaba.

¡Se ponía como una bestia salvaje al saber que lo mencionaban así!

34.–
PÁNICO Y SUICIDIO

El lunes, apenas llegué al Sanatorio, para las actividades del día, se me acercó un señor que venía acompañado de su esposa, que quería una cita. Estaba en un estado de pánico.

– Doctor – me dijo, acomodándose apenas en la silla que le ofrecí –, no sé lo que tengo; estoy aterrorizado... No duermo bien por la noche, despierto a mi esposa para hablar conmigo. Yo no era así, le tengo miedo a todo, a la oscuridad, a salir de casa, a los rayos, al ruido...

Escucho ruidos imaginarios durante toda la noche – digo imaginarios, porque cuando reviso no encuentro ningún objeto en el suelo... tengo la impresión que me sigue una sombra...

– Está mal, doctor – explicó la señora sintiendo lástima por su marido... – Antonio siempre ha sido un hombre decidido, pero desde hace un tiempo...

Somos católicos y hemos ido a la iglesia; hablamos con los sacerdotes, que incluso fueron a bendecir nuestra casa...

– Parece que fue peor, doctor – continuó el hombre, angustiado, sin permitir que su esposa continuara –. Estoy incluso pensando en el suicidio. Cuando llega la noche, es terrible... Si suena el teléfono, tengo miedo al chantaje... No sé qué más hacer. Vengo a consultarlo, señor, pero no quiero quedarme en el hospital; soy una persona extraña, estoy desesperado... Incluso cuando duermo, tengo miedo – No sé de qué o de quién...

Cuando pude hablar, observé:

– Amigo, por lo que me dices tu problema es más bien espiritual. En el Espiritismo solemos llamar a esto obsesión. En mi opinión, desde el punto de vista físico, estás bien, lúcido, fuerte, sin quejas orgánicas...

– Yo como bien – dijo el hombre, sudando profusamente.

– ¿Tiene miedo a morir? – Pregunté.

– ¡Lo tengo, Doctor, y mucho! Pero a veces pienso en acabar con todo – la espera indefinida me está matando... Quería un remedio, algo que sacara esta angustia de mi pecho...

– ¿Has estado orando por la protección de los buenos guías? – Insistí.

– No puedo actualmente; ya ni siquiera sé si creo en Dios. Mi esposa es la que vive orando...

– ¿Y la caridad? ¿Has intentado ayudar a los que sufren...?

– No soy de ayudar a los que no trabajan... Me tomó un tiempo construir lo que tengo, Doctor. Ya sabes lo difícil que es ganarse el pan de cada día...

– ¿Tienen hijos? – Inquirí, dirigiéndome también a la señora que, en mi análisis, desaprobaba la indiferencia de su marido hacia los pobres.

– Sí – respondió –, tenemos dos hijos. La hija, casada con un médico, vive en São Paulo y el hijo estudia en Río; se graduará en Ingeniería el próximo año...

– Por lo que veo – dije –, realmente no tiene razones externas para vivir en esta aprensión; a menos que la causa del problema esté en ti mismo...

– Pero necesito un remedio... – argumenta el hacendado, dueño de grandes extensiones de tierra cerca del Río Grande.

– La medicina no tiene remedio para los males del alma, amigo mío. Estás buscando una solución que te impida cambiar tu forma de ver la vida... Los espíritus obsesivos se aprovechan de nuestras debilidades, especialmente de aquellas a las que hemos causado algún daño...

– Yo nunca le he hecho daño a nadie, me han sacado unos posesionarios de la finca, pero de eso hace mucho tiempo – se defendió –. No puedo explicar lo que hicieron mis peones en ese momento...

– Doctor – la señora tomó la palabra, el semblante abatido –, Antonio es muy bueno, pero malgeniado. Yo le dije que esa familia no nos haría daño, habían cercado un pequeño terreno, estaban sembrando maíz y criando unas gallinas... Llegaron los peones y destrozaron todo; en la confusión, uno de los hijos de la pareja cayó a las aguas del río y se ahogó...

– ¡No me recuerdes este episodio, Anita! ¡No me lo recuerdes! Ya te dije que no fue mi culpa: el niño resbaló en la orilla del río...

– ¿Y dónde viven sus padres actualmente?

– Yo pregunté.

– Dicen en un cuchitril aquí, en el Alto de la Abadía, doctor – respondió doña Anita, que sin duda era un espíritu mucho más sensato y generoso.

– ¿Ya los visitaste?

– ¡Dios no lo quiera...! – Respondió el hacendado.

– Bueno, sinceramente, creo que tu mejoría está ligada al caso del chico: indirectamente, eres culpable y tu conciencia no te lo perdona...

Algo indignado, pronuncié palabras duras:

– Eres un hombre muy bien posicionado, uno de los ganaderos más exitosos de la región, pero extremadamente egoísta... No puedo hacer nada por ti; está fuera de mi alcance... Como médico, no tengo recetas. Como espírita, que saben que soy, les digo: vayan a buscar a la familia del muchacho, pídanles disculpas y propónganles tratar de reparar el daño que le hicieron...

– ¡De ninguna manera! No puedo manejarlo... – El hombre en la silla se movió –. Cualquier cosa menos esto...

– Nada más que esto – dije bruscamente –. No diré que el espíritu del niño ahogado está contigo, pero las vibraciones negativas de los miembros de su familia lo están... Tu orgullo necesita ser atendido. Este pánico es consecuencia del remordimiento. El dinero no lo compra todo, amigo, pero puede ayudar mucho...

– Le dimos dinero, doctor, para que no siguieran adelante las investigaciones... – observó la señora Anita, temerosa de represalias por parte de su esposo, quien; sin embargo, no reaccionó.

– Lamentablemente, como te dije, no puedo hacer nada más – le comenté, ansioso por terminar la entrevista.

– Está en manos de su marido, doña Anita, yo voto para que entienda, sino...

Antonio, cayendo en un extraño silencio, no había dicho nada más. Al salir, hizo ademán de escribir un cheque por la cita, que no acepté, diciendo:

– No resolví su problema, señor Antonio, solo le di un consejo. Lo siento si lo que te dije era lo que no quería escuchar, pero a veces, enfrentar la realidad de frente es lo único que nos puede ayudar.

La señora se despidió de mí con una sonrisa triste y desolada.

Tres meses después, un diario de Uberaba publicó en primera plana una foto del hacendado, se había disparado en la cabeza...

35.–
EL NIÑO AHOGADO

El caso del hacendado me había disgustado; quizás debí admitirlo, convenciéndolo con mis argumentos, pero la lucha diaria en el Sanatorio me convenció de las limitaciones del espíritu, dadas sus necesidades kármicas. Ciertamente, no solo le pesaban los hechos del presente. Cuando no tratamos de mitigarlo, el pasado es implacable...

Más tarde, después de casi un año, en una de las sesiones mediúmnicas del Sanatorio, el espíritu, a través de la mediumnidad de doña Modesta, me habló, entre lágrimas de indecible sufrimiento:

– Debería haberlo escuchado, doctor... ¡Cuánto lamento mi locura! Tengo un agujero abierto en el cráneo... ¡Qué grande es mi dolor! ¿Por qué, Dios mío, no he reconsiderado actitudes...? ¿Qué me espera de ahora en adelante? Estoy muerto, pero estoy vivo, anhelando una segunda muerte... ¡Por caridad, ayúdame...! ¡Doctor, haz algo por mí! Intérname ahora...

– Hermano mío – argumenté – tengamos confianza en la divina misericordia; todos caemos... Nadie está aquí para culparte.

– Lo sé, lo sé, pero mi conciencia me acusa día y noche... Me veo ordenando a los peones que expulsen a esa familia de mis tierras. Cuando recibí la noticia de la muerte del niño, a la edad de 11 años, ni siquiera me estremecí... Ni las misas que se han dicho en mi intención alivian mi dolor. Debo haber sido un idiota de hecho; si hay otras vidas, debo haber sido un hombre muy orgulloso... Estoy aquí sin nada. ¡¿Dónde están mis cientos de cabezas de ganado, mis cultivos, mi poder...?!

Con palabras amables, traté de tranquilizarlo:

– A veces hay que llegar al extremo para empezar de nuevo... Tendrás nuevas oportunidades, alguien se acercará a ti.

– ¡Pero, ¿quién?! – Me preguntó, desesperado –. No veo a nadie a mi alrededor – camino en la oscuridad... Oigo el ruido de los caballos, los gritos de auxilio, el eco del tiro que me disparé en la cabeza... No tengo el coraje para entrar en la casa que me pertenecía; estoy solo... Vivo en el cementerio, junto a mis despojos carcomidos... Debo ser víctima de una pesadilla, ¿no?

– No, hermano mío, no es una pesadilla; por desgracia, es la verdad... Tu aprendizaje está siendo duro.

– ¡Quiero pedir perdón! ¡Quiero pedir perdón! – Rompía en llanto que me conmovió –. ¿Dónde está esa familia? Por favor, ¿dónde está la periferia? Trataré de enmendar mi error... les daré un buen terreno; quiero compensarles por la muerte del niño... Tengo dinero en el banco y, en casa, la caja fuerte está llena...

– Por el momento, eso es imposible – hablaba, con la intención que el hacendado suicida comenzara a comprender la realidad –. Estás necesitando tratamiento. Cuando te sientas más fuerte, entonces tomarás otras medidas...

– ¡Estoy loco, doctor! No sé si estoy vivo o si estoy muerto... ¿Dónde estoy? ¿Cómo me hablas...? Ni el sepulturero escucha lo que digo...

– Estás en una sesión mediúmnica...

– ¡¿Sesión mediúmnica?...! No sé qué es esto, quiero luz. Por favor, encienda las luces de la casa; siento sombras vagando... ¿Qué es esta risa?¿Adónde se ha ido mi mujer? ¡Anita...! – la llamaba una y otra vez –. ¡Anita...! ¡Anita...!

– ¡Cálmate, compañero! Serás apoyado; no viniste solo a esta casa. Alguien, imperceptiblemente, te condujo hasta aquí... – le dije, haciendo funcionar su intuición.

– De hecho – estuvo de acuerdo –, desde ese día ni siquiera he pasado por la puerta del hospital donde usted trabaja... Su apelo se salía de mi cabeza, pero tampoco pude vencerme a mí mismo, pertenezco a una familia tradicional; no estamos acostumbrados a ceder...

De repente, el desencarnado, dejando de hablar, a través de la médium, levantó la mano y señaló la pared, interrogando:

– ¿Qué punto brillante es ese? Está creciendo y acercándose a mí... ¡Dios mío, me aclara! Hace mucho que no me veo: soy un desastre, con la ropa ensangrentada... Dime, ¿qué pasa? ¿Es un truco? ¿Una brujería suya...? ¡Ay, cómo me duele la cabeza...! Por favor, detengan la hemorragia; quítenme la visión de mí mismo...

Presintiendo ayuda espiritual, aquieté mis pensamientos y supliqué la intercesión de nuestros mayores por aquel desdichado hermano, quien ante mi asombro, dejándolo incapaz de hablar, aclaró:

– El punto luminoso va tomando forma – ¡es un niño...! Y un niño que sonríe y me tiende los brazos... No, no se puede decir: no me dice nada, pero yo sé...

¡Qué cosa más extraña!, ¡Es el niño que había muerto en las aguas del Río Grande...! Es el hijo de esa gente... ¡No es posible...! ¿Me estoy volviendo loco? ¡Cómo me arde el corazón...! No sé, ahora, qué me duele más – si la herida en el cráneo o esta herida en el alma... Estoy cansado, tengo sueño... Tengo sed – me da agua; siento frío – me envuelve...

El espíritu del antiguo rico agricultor de Uberaba no dijo nada más. Les confieso que también con un nudo en mi garganta, ni siquiera pude pronunciar la oración final.

Cuando regresé a casa esa noche, sin encender un cigarrillo – ni siquiera estaba de humor para fumar –, medité durante largos minutos, hasta que llegó el sueño. ¿No podría haberlo evitado todo? Mientras pensaba eso, pensaba que no... A pesar de ese desastre existencial, del drama que, por supuesto, todavía se desarrollaría en momentos desconocidos, tal vez a ese espíritu le faltaba la experiencia que estaba viviendo en tan trágicas circunstancias. No tenía todas las respuestas y mucho no podía decirse, al menos, no todavía. El karma del ex hacendado, vinculado al karma de esos humildes ocupantes ilegales, ciertamente no se había originado en esta única existencia material.

Miré el cielo estrellado por una rendija de la ventana, por donde penetraba el agradable perfume de las flores de mis pies de jabuticaba, con la brisa nocturna, y pensé que los secretos de la inmensidad infinita del universo no superaban los misterios de la vida de un solo hombre sobre la Tierra.

36.–
EL TRABAJO INCESANTE

La espiritualidad trabaja incesantemente, en el sentido de ayudar a los hombres en la Tierra y a los espíritus desencarnados. Mientras luchábamos con el propósito de solucionar el problema de Paulito, los espíritus amigos se esforzaron por esclarecer a las entidades que, directa o indirectamente, vampirizaban al niño.

Doña Modesta siempre me decía:

– Inácio, tengamos confianza en nuestros mentores; el Dr. Bezerra, Bittencourt Sampaio y Eurípedes siguen atentos... No estamos solos.

Una vez le pregunté:

– ¿Crees que nuestra lucha, tan insignificante, frente a tareas de mayor responsabilidad en el mundo de los espíritus, realmente merece la atención de nuestros mayores?

Con tranquilidad la inolvidable hermana me contesta:

– Hay compañeros espirituales anónimos que nos asisten, espíritus que forman parte de las falanges del bien y la verdad. Incluso cuando el Dr. Bezerra, Bittencourt o Eurípedes Barsanulfo no pueden responder directamente a nuestras solicitudes, sus agentes sí; es a través de sus mensajeros que Jesús viene en nuestra ayuda... Todo está conectado en el universo. Recordemos, Inácio, la curación del criado del centurión: el Maestro ni siquiera fue a su casa; sin embargo, con la ayuda de los espíritus que lo asistieron, fue sanado...

Paulito mostró mejoras notables. Ni de lejos, me recordaba más a aquel joven que había llegado al Sanatorio completamente trastornado; de no ser por los episodios periódicos de tristeza que lo aquejaban, diríamos que estaba en condiciones de volver a casa... Sin embargo, el objetivo de mantenerlo con nosotros iba un poco más allá: sabíamos que su presencia en el Sanatorio atrajo la presencia de Torquemada, el espíritu con el que necesitábamos trabajar, con miras a su breve retorno al cuerpo material. Si no fuera por Paulito, el ex inquisidor desencarnado ni siquiera se dignaría a hablarnos. Estábamos plenamente convencidos que el hijo de otros tiempos, el hijo que no era realmente suyo, fue el que lo obligó a acercarse a nosotros. No sé si puedo explicar esto; sin embargo, debo, al menos, referirme al tema, permitiendo reflexiones a los hermanos que, por casualidad, recorren con la mirada estas modestas notas mías. Torquemada intuía el peligro – el peligro del diálogo con nosotros que, finalmente, lo obligaría a reencarnarse, iniciando así su proceso de redención espiritual –, pero no pudo liberarse de la psique de la médium, que lo "rastreaba..." María Modesta lo había arrastrado... Nunca pude comprender este fenómeno muy bien. Ahora bien, lo natural sería que se distanciaran de nosotros, que huyeran de la "trampa" que les estaba preparando, Torquemada; sin embargo, se revelaba cada vez más frágil...

182

Un miércoles, una entidad que, en un principio, pensé que era la figura del ex inquisidor habló a través de la facultad psicofónica de doña Modesta:

– "Estoy a punto de ser el jefe; nuestro líder está cambiando: finalmente, lo has embrujado... Conmigo será diferente. Vengo a advertirte para que no pienses que has ganado o que ganarás... Cada día que pasa, percibimos a nuestro líder más olvidadizo, aun resiste y se concentra en torno a sus compañeros que le son fieles, pero su caída es inminente... Has trabajado bien, pero no nos desmantelarás...

¿Fue cierta la declaración hecha por el espíritu comunicador o fue solo otro truco de la oscuridad? Los espíritus obsesivos son astutos y extremadamente ágiles desde el punto de vista intelectual. De lo contrario, no persistirían en sus objetivos inefables.

No fue de extrañar; sin embargo, el "debilitamiento" de Torquemada... Lea, en otra parte, una página del filósofo existencialista Sartre, en el que el pensador francés se centró en el problema del asco humano. Según él, había llegado el momento en que el hombre empezó a sentir disgusto consigo mismo, disgusto por lo que era, disgusto por lo que hacía... Momentos que presagiaban una renovación íntima, seguro. El asco de sí mismo era tal que el hombre se vomitaba a sí mismo, anhelando verse del revés, con la esperanza que el interior fuera mejor... Según Sartre, Torquemada estaría en sucesivas crisis de "vómito" – más de cuatro siglos para que le pase eso. ¿Dónde había estado caminando el espíritu del ex inquisidor todo este tiempo? En sus manifestaciones en las ciudades de Sacramento y

Santa María, cuando se opuso directamente a la obra misionera de Eurípedes Barsanulfo, Torquemada había emergido de los sótanos de la espiritualidad con una inmensa simpatía; como descubrí más tarde, ¡asombró a todos! – fue él quien inoculó el virus de la gripe española, que, en 1918, obligó al apóstol de la mediumnidad en la región del Triángulo Mineiro a interrumpir su trabajo... ¿Posible o imposible? La respuesta a tal pregunta aun no está conmigo. Quien, en el mundo mayor, ha tratado de escuchar el tema, está inexplicablemente silencioso.

De todos modos, era consciente que no podía mantener a Paulito mucho más tiempo con nosotros. El ambiente insalubre del Sanatorio podía empezar a crearle otro tipo de problemas – Paulito no estaba preparado para eso.

Notando tu tristeza y desánimo mientras cuidaba el jardín, me acerqué y entablé conversación:

– ¿Cómo estás? ¿Otra vez pensando en la novia?

– Sí, doctor, creo que está llegando la hora de irse. A pesar que ustedes han sido buenos conmigo, pero yo no estoy aguantando... me siento impaciente; yo no nací para vivir en confinamiento...

— Te prometo, Paulito, que si todo sigue funcionando como está, dentro de unas semanas más te soltaré...

– ¡¿Faltan unas semanas, doctor?! – Preguntó el muchacho, a quien percibía casi al límite de la resistencia –. Las mujeres aquí se me están subiendo encima; me pasan la mano...

– Ten un poco más de paciencia, hijo mío – expliqué –. Y así: eres un joven guapo, atractivo... Casi todo aquí, Paulito, se resume en dos palabras: carencia afectiva. Ya he prometido matrimonio a media docena de ellas: estoy comprometido con unas tres y no ha pasado ni un día aunque no me divorcie de una de ellas... ¡soy su novio! Estás compitiendo conmigo... Me siento más aliviado.

Paulino sonrió. Y entonces, estaba tratando de contemporizar.

37.–
VIGILANCIA REDOBLADA

Si mi paciente favorito era dado de alta, años y años de trabajo se verían interrumpidos – de eso estaba convencido –, mantenerlo como "rehén" significaba ayudar, de manera más amplia, a cientos y cientos de almas. Le pedí a Manoel Roberto que redoblara la vigilancia sobre Paulito, porque, en uno de esos momentos de angustia y desesperación, podría verse tentado a saltar el muro del Sanatorio; entonces traerlo de vuelta sería complicado, sería una medida de fuerza y seguramente la confianza que depositó en nosotros se vería sacudida.

Ese miércoles doña Modesta llegó al Sanatorio casi en trance; no vino a mi habitación, no me saludó: entró directamente y ocupó su lugar en la mesa. Tan pronto como se apagaron las luces, el espíritu del ex inquisidor comenzó a hablar:

– ¡No puedo soportarlo más...! ¡Libérame... Libérame!

Suelta a mi hijo... Es mío, ¿entiendes?, ¡Mío...! Necesito reaccionar... Me siento débil... Estoy cansado... Casi nadie me obedece más. Por favor, un hierro al rojo vivo, que quiero marcar a los miserables y a los traidores...

Dejé que diga lo que quiera, como corresponde al adoctrinador que, silenciando, permite a veces que el espíritu comunicante se adoctrine a sí mismo:

– ¿Qué me está pasando? ¡¿Qué pasó, Dios mío?! Siempre he actuado con el propósito de servir a la Iglesia... No creo haberme excedido... Me siento viejo... ¿De dónde vienen estas arrugas...? Siento que estoy perdiendo fuerza en mis brazos, imaginé que en la fe había encontrado la fuente de la eterna juventud, pero no... Ahora estoy envejeciendo rápido... Mi cabeza está cansada y tengo que luchar contra el sueño; hace siglos que no duermo... ¡Qué sueño, Dios mío! ¿Alguien me ha envenenado...? Yo quemo, yo mato... Tengo hogueras, aquí...

Y sorprendentemente, reveló:

– He quemado gente de este otro lado... ¿Lo dudas? Los he visto asarse, como se asan los hombres en la Tierra... El cuerpo del espíritu también se incendia – todo es relativo... El Santo Oficio se ha extendido a las regiones más allá de la muerte – todas ellas habitadas por conspiradores y herejes... Ustedes no saben nada ¡Necios, tontos...!

El cansancio del espíritu comunicador se reflejaba en el cuerpo de doña Modesta, que respiraba con dificultad, era hora de decir algo.

– Hermano, ahora déjame hablar – comencé, evocando mentalmente la inspiración de nuestros Guías –. El tiempo lo cambia todo... Tú, que estás pronunciando el nombre de Dios, entrégate a Él. No creas que te queremos hacer daño... Recuerda a Pablo luchando contra los cristianos para luego convertirlos al Evangelio. Tu hijo está casi bien: es un niño de excelente carácter; hemos hecho por él lo que hemos podido...

– Lo sé, lo sé – interrumpió Torquemada –. Tengo celos de ti con él: soy el padre, soy el que te debe cariño... ¡Recién lo conoces ahora, pero lo sigo desde hace mucho tiempo! Me tomó un tiempo para localizarlo esta vez, porque de vez en cuando desaparece... – El espíritu seguramente se refería a las encarnaciones de Paulito, cuando, temporalmente, perdió el contacto con él.

– Sabemos que es tuyo y lo estamos cuidando por ti – le dije bruscamente –. No podíamos permitir que se convirtiera en un delincuente, terminando en bares... Querías inducirlo a matar a su madre...

– ¡Madre, nada, esa prostituta...! Me engañaba todo el tiempo... ¡Qué odio! ¡Pero ahora ella está allí y morirá poco a poco, olvidadiza y loca!

La infección ya comenzó a actuar en su cuerpo, es solo cuestión de tiempo... No me hables más de esa mujer.

– Nosotros no somos los que castigamos a nadie; la mayor parte del tiempo somos simples agentes ciegos de la Justicia Divina... El escándalo –nos dijo Cristo – es necesario, en serio, pero ¡ay de quien lo provoque...! Si ella muere, añadirás un crimen más a tu larga lista... – respondí, pronunciando cada palabra con cuidado, tratando de no convertir la verdad en un látigo, a través de mis labios.

¡Hermano...!

– Ya te lo dije: ¡qué hermano ni que nada...! Llámame por mi nombre. ¡Soy el gran Inquisidor General, Tomás de Torquemada...!

– Está bien – acepté –, te llamaré por tu nombre, si eso hace alguna diferencia. Pero te llamaré hermano Tomás...

¡Cuando me referí a él así por primera vez Torquemada lloró! Yo no sabía lo que había dicho, lo que significaba llamarlo Hermano Tomás...

Entonces, para nuestra perplejidad, doña Modesta vomitó sobre la mesa, un vómito oscuro y fétido, que Manoel Roberto se apresuró a limpiar...

– ¡Ay, Dios mío...! ¡No me recuerdes esos momentos que necesito olvidar, cuando hacía mis votos religiosos con la ingenuidad de un niño! Entonces, yo solo pensaba en seguir el camino de la santidad... Fui bueno, ¿lo crees? Cuidé de los pobres... Me convertí en lo que soy por necesidad; no había nadie con el coraje de defender a la Iglesia contra herejes, judaístas, musulmanes, hechiceros y disidentes – nadie tan inteligente y dispuesto a ir hasta las últimas consecuencias. No me recuerdes mi ordenación:

– "¡Yo te ordeno sacerdote, y a partir de ahora te llamarás hermano Tomás...!"– dijo el obispo que me tonsuraba –. ¡Qué hicieron de mí, Dios mío! ¡Lo que permití que hicieran de mí...!

No pudimos continuar esa noche, pero habíamos avanzado lo suficiente. Con las contracturas abdominales mediqué a doña Modesta y pensé que sería interesante interrumpir las sesiones unas semanas.

– No, Inácio – respondió –, tú sabes que no podemos; siento que se acerca el momento... Antes venía Torquemada con varios amigos; ahora; sin embargo, lo veo solo... No nos rindamos. Las reacciones físicas que experimento son fugaces. Vamos a seguir...

Cuando todo quedó en silencio en el Sanatorio – aquella noche fui el último en salir –, mientras disponía a cerrar cajones y puertas, me dije a mí mismo en un monólogo inarticulado:

– Cómo, en la encrucijada de la vida, el espíritu, a veces, puede tomar un rumbo equivocado y sentirse, más tarde, ¡sin condiciones de volver atrás...!

De alguna manera, el tiempo también me había cambiado a mí, no sé si para bien o para mal. Lo cierto es que algo de mí se había perdido, en el fragor de la lucha por la supervivencia, algo que, por desgracia, todavía no he vuelto a encontrar.

38.–
LA MUERTE DE DOLORES

Las palabras del ex inquisidor no tardaron en confirmarse: veinte días después, la noticia de la muerte de la madre de Paulito, la Sra. Doña María de los Dolores. La quemadura de alcohol, aunque no tan profundas, habían causado una infección severa, que se extendió por todo el cuerpo, lamenté la condición en que ese espíritu regresó al mundo de los espíritus.

Llamé al joven, que como siempre estaba cuidando el jardín y los muchos jarrones con flores que había hecho, y le di la triste noticia. Bajando la cabeza, sus ojos se llenaron de lágrimas... Lo abracé, tratando de consolarlo como un padre consolaría a su hijo, sin olvidar; sin embargo, que el espíritu de Torquemada nos observaba.

Desafortunadamente, Paulito no pudo asistir al funeral de su madre: no había nadie que pudiera acompañarlo a Capão–da–Onça y, a su vez, no quiso arriesgarse, dejándolo ir solo.

– No importa, Dr. Inácio – me dijo, resignado –. Realmente no me gustaría ver a mi madre así; guardaré los mejores recuerdos de ella. Desde que nací, mi madre ha estado enferma... ¡Pobrecita! Su sufrimiento ha llegado a su fin. Lo siento por papá, su lucha ha sido grandiosa. Dios sabe lo que hace.

Dos días después, el Sr. Juliano se presentó en el Sanatorio para visitar a su hijo. Padre e hijo se abrazaron largo rato y trataron de no hablar de la muerte de doña María de los Dolores.

– ¿Cuándo, doctor, podré llevarme por fin a Paulito? – preguntó el padre, comenzando a sufrir de soledad –. Estoy pensando en vender el lugar y comprar un terreno en Mato Grosso...

– Paulito está casi dado de alta, Sr. Juliano – respondí convencido –. Creo que en treinta o cuarenta días podrá irse contigo.

– Papá – dijo el chico con calma –, no me gustaría que te deshagas del lugar; tan pronto como mejore, cooperaré contigo. Plantaremos algo, cuidaremos el ganado, engordaremos una cerda...

– Aquello está desolado, hijo mío – argumentó el hacendado, en un visible estado de abatimiento.

– No importa, papá, ahora somos solo nosotros dos; mamá, Dios se la llevó... No vamos a ir a un lugar donde no conocemos a nadie.

Y, haciendo una pausa, concluyó:

– No quiero distanciarme de Mariana; si tú y su abuela consienten, nos queremos comprometer...

Ese, sin duda, era el momento por venir. Dejando a padre e hijo conversando en una habitación contigua, me acerqué a la mesa de la oficina y saqué un paquetito que tenía guardado para esa ocasión.

– Entonces, Paulito, ¿tu problema es casarte...?

Llegué bromeando, con mi forma de siempre tratar de paliar las situaciones embarazosas.

– Por falta de un par de anillos no será – completé, entregándole el paquete al chico.

Sorprendido, cuando vio el par de anillos de oro, que le había comprado a un orfebre de Río de Janeiro, los ojos del niño brillaron de alegría.

– ¡Dr. Inácio...! – Exclamó, radiante, preparándose para agradecerme.

– No digas nada, Paulito; Es un regalo mío para ti y Mariana, por supuesto, con el consentimiento de tu padre. Después de todo, ni siquiera necesitaré esto en esta encarnación... Estoy cansado de esperar a mi alma gemela... seguramente, debe estar moviéndose por ahí, en la Tierra o en el espacio, no sé.

– ¡Se ha portado muy bien con mi hijo, doctor...! – Dijo, emocionado, el humilde hacendado –. No tenemos palabras...

– Si no tenemos palabras, será mejor que guarde silencio... Olvidémoslo. Solamente me gustaría que me participasen del casorio; probablemente no podré ir, pero...

– Ya lo sé, doctor – dijo Paulito con naturalidad– , que Mariana no se opondrá, ¡usted será el padrino de nuestro primer hijo...!

Les confieso que me daba vueltas la cabeza y se me llenaban los ojos de lágrimas, que rápidamente ahuyenté, encendiendo un cigarro y soltando grandes bocanadas; los cigarrillos siempre me habían salvado en muchas situaciones similares: me gustaba dar un gran pulgar hacia arriba, pero se derretía fácilmente como la mantequilla al sol...

En un instante, mis pensamientos abarcaron toda la situación: si mis presentimientos se confirmaban, terminaría teniendo como ahijado al más feroz de los inquisidores en la tierra de España... ¡Sin duda, me lo merecía! Mi disgusto por los sacerdotes estaba empezando a dar sus frutos.

Traté de desviarme, explicando:

– Paulito, me siento profundamente honrado por esta invitación; te tengo a ti y a Mariana como si fueran mis hijos, pero en el Espiritismo no tenemos la práctica religiosa del bautismo...

– Me esperaba esto, doctor – respondió el niño –. He estado leyendo los libros que me prestaste y escuchando comentarios... No importa. En honor a ti, no te nombraremos oficialmente. Lo traeremos aquí y dirás una oración...

– Si estoy vivo hasta entonces, Paulito – dije – queriendo terminar con el asunto, no permitiendo excesivo entusiasmo por parte de mi paciente. Las grandes emociones, según mi experiencia en el Sanatorio, fueron tan responsables de las curaciones inesperadas como del empeoramiento repentino –. Vamos primero – continué –, a terminar tu tratamiento. Mientras no estés bien, no te vayas de aquí; me diste un gran trabajo...

Paulito sonrió, avergonzado, y me fui, permitiendo que padre e hijo se lleven un rato más, sin mi evidentemente indiscreta presencia.

La visita del Sr. Juliano había sido excelente para ambos. Cuando el caballero me buscó para despedirse, lo noté un poco más emocionado. A pesar de su cabello precozmente blanco, el padre de Paulito era un hombre fuerte, que, posiblemente, más tarde encontraría otro compañero. Como decía, creo que mi tatarabuela: "Viudo es el que se muere…" Siempre estuve en contra – perdón si el término no es apropiado – de este eterno negocio, maridos que, con seguridad, en su mayor parte, no habrían hecho nada bueno en el más allá, vivos o muertos, los hombres eran siempre los mismos...

39.–
DIÁLOGO AMISTOSO

Una semana pasara, una que otra vez, sorprendía a Paulito con los ojos rojos de llorar, pensando en su madre.

– No se preocupe doctor – me decía – es solo nostalgia... Mi madre me quería. Conversábamos poco, pero sé que ella me amaba. A veces, al amanecer, la sorprendía junto a mi cama, mirándome con cariño. Ella se levantaba, para ver si yo estaba cubierto... No sé qué pasó entre nosotros. ¿Podría explicarme, doctor, el porqué de la tragedia, del sentimiento de odio que me asaltó hacia mi madre? Sinceramente no entiendo...

Una de las veces que me preguntó eso, decidí abrir el juego y dije:

– Paulito, has estado actuando, hijo mío, como instrumento de un espíritu que dice haber sido tu padre, en un pasado lejano, en la época de la Inquisición. Para entender todo esto, es necesario creer en la reencarnación...

– Pero yo lo creo, doctor – me dijo –. He estado pensando mucho últimamente, viendo tantos internos enfermos en este hospital... ¿Qué habrán hecho para merecer tanta mala suerte? Muchos de ellos son buenos, mejores que los parientes que los trajeron aquí... No sé nada de Espiritismo, pero creo que, en realidad, ya hemos vivido muchas vidas – Y remataba, con su forma transparente de ser:

– No estoy diciendo esto para complacerte.

Sin la noción de la llamada reencarnación, es difícil incluso comprender la existencia de Dios, ¿no crees?

– Lo creo, Paulito; tienes toda la razón – comenté, impresionado por la facilidad intelectual del joven. Tuve la impresión que la "coexistencia" psíquica con el cerebro del ex inquisidor desencarnado, en cierto modo, le había dado vida. Cuando Torquemada se alejó de ella, Paulito reveló una agudeza que desconocía de él.

– Pero hable, doctor – pidió interesado – No se preocupe. Sea lo que sea, seré capaz de aceptarlo...

Tratando de omitir ciertos detalles, expliqué:

– Tú, tu madre y, posiblemente, tu padre, vivieron en la época de la Inquisición, al parecer, en España, donde más se ejercía el llamado Santo Oficio en términos de crueldad. Debe haber habido una implicación afectiva de ustedes como el Inquisidor General, llamado Tomás, Tomás de Torquemada – el terror de los que se atrevieron a oponerse a los principios de la Santa Madre Iglesia y... su propio espíritu estaba en contra el de tu madre, quien, según nos dijo a través de la médium doña Modesta, lo traicionó con uno de sus compañeros en el Santo Oficio – alguna figura eminente al lado del Papa.

Tomando un respiro, continué:

– En resumen, este es tu drama: la aversión que sentías por tu madre era un reflejo de la aversión de él, quien a través tuyo pretendía matarla, lo cual, gracias a

Dios, no lo hizo. Pero la Ley Divina es sabia, Paulito. Particularizando su odio, el espíritu de Torquemada comenzó a perder fuerza. Últimamente, debido a tu presencia en nuestra casa, vive en el Sanatorio, sin conseguir una desvinculación definitiva, una liberación que, de hecho, él tampoco quiere.

– Es complicado, doctor, muy complicado...

– Estoy de acuerdo, Paulito; es muy complicado, pero así son las cosas...

– ¿Quieres decir que él mató a mi madre? – Preguntó el chico.

– Él cree que sí, pero yo digo que no...

El mal solo nos llega a través de terceros cuando nos exponemos deliberadamente a él. Sin la llamada Ley del karma, nada se hace...

– ¡¿Karma?...!

– Sí, la Ley de Causa y Efecto, la Ley de Acción y Reacción, que educa a los espíritus recalcitrantes...

– ¿Estará el espíritu de mi madre en sus garras?

– No, no lo está. Como te dije, Torquemada se está debilitando. Incluso creo que está siendo preparado por nuestros guías espirituales para volver al cuerpo. Necesita olvidar quién era para empezar a redimirse.

– ¿Cometió muchas atrocidades?

– Las peores, Paulito. En otras palabras, espiritualmente trató de crear un imperio independiente – independiente de la Voluntad de Dios...

– Así que está loco...

– Un espíritu enfermo, sería lo más correcto decir. Un instrumento de Dios al revés, para castigar los espíritus comprometidos...

– Es digno de lástima...

– Sin duda. Todo el mundo, en determinadas circunstancias, puede estar equivocado...

– ¿Crees que podría haber hecho que matara a mi propia madre? – preguntó el joven, aterrorizado...

– Tanto, que, por suerte, no lo logró... Su odio, llevado al extremo, terminó siendo una especie de trampa en la que cayó: Torquemada está desapareciendo... En su último contacto mediúmnico con nosotros, se quejó de sentirse olvidado. Esto es sintomático. El mal no genera energías autosuficientes. Solo el bien es eterno, porque proviene de la esencia divina.

– Voy a orar por él, Doctor, por un espíritu tan sufriente, y voy a pedirle a mi padre, a Mariana y a doña Josefina que oren también...

– Oremos todos, Paulito, pidiendo a Dios que se apiade de nuestros males. Torquemada siempre se ha mostrado como es, lamentablemente no sabemos de lo que somos capaces, nuestra verdadera personalidad sobrevive en la oscuridad... Les digo, por mi parte, que tengo mucho miedo de mis reacciones... Hoy soy el Dr. Inácio, pero no sé quién soy realmente.

Buscando cerrar el asunto que, a mi modo de ver, había, incluso, yendo demasiado lejos, invité a mi paciente:

– Vamos a tomar un café; estoy oliendo la irresistible cepa de café preparado ahora... Dejemos que las cosas fluyan naturalmente – hagamos nuestra parte, que Dios está haciendo la Suya... No nos aflijamos innecesariamente. Al final, funciona; si no funcionó es porque aun no ha terminado – repetía una vieja jerga que había elegido para mi cita favorita, cada vez que me encontraba en una encrucijada, sin saber qué dirección tomar.

40.–
PREPARACIÓN REENCARNATORIA

En la siguiente sesión mediúmnica en el Sanatorio, dando inicio a las actividades de la noche, el espíritu Bittencourt Sampaio, que siempre estuvo presente entre nosotros a través de la psicofonía de doña Modesta, aclaró:

– Hermanos míos, poco a poco vamos logrando nuestro propósito junto con el compañero que pronto iniciará su proceso de reencarnación. Mantengámoslo firmes, continuando sirviendo a los propósitos del Evangelio. Nuestro hermano Tomás, que lamentablemente todavía no puede percibirnos, está sumamente debilitado, es consciente de sus errores, incluso ha comenzado a actuar sobre su cuerpo espiritual; languidece y presenta deformaciones que se acentúan... Oremos para que el Señor tenga misericordia de sus luchas. Todavía no es el momento adecuado para intervenir en este otro lado de la vida... Él está en la habitación y anhela hablar contigo esta noche. Actualmente, esta casa es el único lugar que le ofrece algún consuelo... Parece que Tomás regresará a un cuerpo terrestre con problemas congénitos – la conciencia culpable en la interferencia genética y desequilibra la organización celular. Confiemos.

Al cabo de unos instantes, la instrumentalidad mediúmnica de doña Modesta fue ocupada por el espíritu del ex inquisidor, que empezó a hablar con voz cansada:

– Estoy aquí y me siento impotente. Tengo sueño... Escucho voces acusadoras, huelo a carne humana quemada constantemente... ¡Alguien por favor ayúdeme! Quiero olvidar – ¡¿Qué hice, Dios mío?! De los Dolores, ¿dónde está María de los Dolores...? La quiero conmigo... Prometo no hacerle ningún daño... Mucho se ha hecho en mi nombre, sin que yo lo sepa... estoy perdiendo la vista, siento que me hago más pequeño... Solo puedo ver lo que está pasando dentro de mí... Soy un monstruo, emergiendo de las cenizas del pasado...

Torquemada nunca había estado tan frágil como en una sesión mediúmnica. Con paciencia, lo guie:

– Hermano, devotos trabajadores del Señor permanecen en el recinto. No puedes verlos, pero están aquí... Confía. No tengas miedo... La divina misericordia se compadecerá de tus males. Prepárate para renacer...

– Tengo miedo, mucho miedo – repitió el principal inquisidor –. ¿Quién será mi madre, quién tendrá el coraje de adoptarme como hijo? ¿Qué, después de todo, me espera en la Tierra...? Muchos no me han perdonado, no tengo amigos... La traición continúa más allá de la muerte: casi todos me han abandonado. Yo solo quería defender a la Iglesia contra las herejías y el fanatismo...

– No tengas miedo – prosiguió el diálogo que, por primera vez, entrábamos, sin que Torquemada se burlara de mis argumentos –. Eres un hijo de Dios; somos hermanos...

Estás enfermo y necesitas tratamiento. El olvido en el cuerpo será una terapia invaluable.

– Tengo miedo de fallar... En el cuerpo, estaré a merced de mis enemigos. He logrado evitarlos, pero sé que están conspirando en mi contra... He oído que quieren encerrarme en calabozos y torturarme... Existe por aquí; no es una utopía... Si finalmente caigo en las garras de mis enemigos, no sé qué será de mí... No he dormido en siglos, viendo el más mínimo movimiento a mi lado... Yo tengo miedo de volver a ser un niño...

– Es posible, hermano – traté de convencerlo – que renazcas en un ambiente acogedor. No somos tan odiados como para que nadie nos ame... Debes haber sido bueno con alguien, ¿verdad?

– Es lógico; a pesar de todos mis remordimientos, traté de proteger a mi familia... Tengo a Paulito, es el único en quien confío; él nunca me haría daño, incluso porque no es su naturaleza... Tengo a Paulito y... a Juliano.

– ¿Juliano…?

– Sí, el padre de Paulito; él era mi hermano… Fue con él que De los Dolores me traicionó. Yo sé que ella lo hechizó. Mi hermano estaba ciego, ella lo envolvió. Cuando viajaba por trabajo del Santo Oficio, ella lo visitaba con frecuencia y acabó seduciéndolo… Yo no podía ser padre y De los Dolores quería un hijo. Pero no quiero hablar de eso ahora... Me mintió, me traicionó como a mi propio hermano... Enloquecido, cuando me enteré de todo, mandé a Juliano al fuego. Le cortaron la lengua y lo cambié por un prisionero que sería quemado al día siguiente; con la capucha negra, nadie lo reconoció... ¡Yo era capaz de todo eso!

– Pero Juliano se olvidó y Paulito lo perdonó...

– ¡Qué destino para mí...! Siglos de resistencia para nada... ¿Volveré al nido de la serpiente? No quiero ninguna conexión con De los Dolores... La aborrezco. Nunca pude perdonarla. Con el tiempo, donde la descubro, la hago sufrir con mi odio...

– De los Dolores dejó el cuerpo, Tomás... – le respondí.

– ¡¿Cómo?...!

Contradictorio en sus sentimientos, el ex inquisidor continuó:

– ¿A dónde fue ella, que no vino a mi encuentro? ¿Cuándo nos veremos de nuevo? Estoy cansado... No sé qué quiero ni qué decir... Me siento mareado; caigo en el abismo más profundo... Paulito – Quiero a Paulito... ¿Me estás escuchando, hijo mío...? Dame tu mano; dime que todo esto es una pesadilla, que yo no era quien soy y no soy quien era... Quítame esta ropa, no me he quitado este hábito religioso desde hace siglos; esta cruz me pesa – siento que este crucifijo me impide respirar... estoy perdiendo el conocimiento... ¡Socorro...!

La voz de Tomás de Torquemada se había enmudecido. No sé lo que pasó, pero la verdad es que su espíritu sería conducido a la bendición del recomienzo, la Ley cuidaría de encaminarlo.

Al final del encuentro, Bittencourt Sampaio volvió para instrucciones rápidas:

– Afortunadamente, todo está consumado; creemos que ahora es cuestión de tiempo... Perseveremos en la oración, envolviendo el espíritu de nuestro hermano en las mejores vibraciones. Necesita dormir, cuanto más profundo sea el sueño, mayor es el olvido... Dormirá hasta que sus futuros padres puedan recibirlo – ¡en el espacio de uno o dos años, renacerá...!

Respiré, aliviado. Ese primer paso se había cumplido. ¿Dónde quedaría Torquemada durante ese período que, según el benefactor, precedería a su regreso a su cuerpo? Era la pregunta que estaba latiendo en mi cerebro en ese momento.

41.–
ALTA HOSPITALARIA

Después de la sesión, antes de retirarme, decidí pasarme por la habitación de Paulito. Les juro que, cuando entré, casi pude distinguir la figura invisible de un hombre durmiendo profundamente contra su brazo... Aunque con todo mi movimiento en el pequeño departamento, abriendo y cerrando la puerta, Paulito no se despertó.

Curioso, al día siguiente, mi primera acción, nada más llegar al hospital, fue ver a Paulito que, para mi sorpresa, recién despertó sobre las nueve de la mañana. Casi siempre, cuando llegaba al Sanatorio, el chico, si no venía a saludarme al pasillo, ya estaba cuidando el jardín...

Después de las nueve, al despertarse con los ojos hinchados de tanto dormir, mi joven paciente se disculpó.

– Dr. Inácio, esto nunca me había pasado antes: dormí demasiado; dormí por dos personas... Pero me siento mucho mejor...

– Yo también creo, hijo mío – dije enigmáticamente–, que dormiste para dos personas... No te preocupes. Todo está bien.

– Dormí como si no hubiera dormido en siglos... – agregó Paulito – sin que, aunque quisiera, pudiera poner en palabras lo que pasó por mi cabeza entonces.

– Tengo buenas noticias para ti... – dije, observando su reacción –. Pasado mañana, te daré de alta... Tu tratamiento está completo. Estás prácticamente curado...

Feliz, Paulito espontáneamente se inclinó y me besó en la frente.

– ¡Qué belleza, doctor! ¿Significa eso que ya puedo irme a casa?

– Sin duda, hijo mío. Ahora estás bien. Tu padre te está esperando. Te extrañaremos, pero...

– Yo también los extrañaré, especialmente a usted... De vez en cuando, prometo visitarlos: cuando tenga que resolver algún problema en Uberaba, vendré a verlos a ustedes, a usted, a Manoel Roberto, doña María Modesta...

– Le mandaré un mensaje a tu padre, no quiero que salgas solo... Por un tiempo quiero mantenerte en estado de observación. Si lo vuelves a hacer, te prometo que te encerraré en una celda para siempre...

– ¡Dios no lo quiera, doctor...!

– Estoy bromeando, Paulito. Si Dios quiere, como mi paciente, nunca más volverás a poner un pie en el Sanatorio...

– ¿Y quién cuidará del jardín...? – Preguntó preocupado.

– Encontraremos a alguien; claro que no será como tú, pero "quien no tiene perro caza con gato..."

La conversación se detuvo allí. A través de un camión lechero, le pedí al Sr. Juliano que viniera el viernes.

– Vamos a ajustar cuentas, doctor... – me dijo nada más al llegar, metiéndose la mano en el bolsillo.

– ¡Qué trato, ni que nada...! Tu hijo pagó la estadía en el hospital: todo el tiempo, se ocupó del jardín...

– Doctor, si no es mucho, puedo pagar – insistió el padre de Paulito, extremadamente agradecido –. Salvaste la vida de mi hijo...

– Yo no salvé la vida de nadie; no digas tonterías... Tu hijo, para mí, es como un hijo, el hijo que nunca pude tener. Mi pago es ver que esté bien... Cuando sus piernas mejoren en la finca, envíanos algo de queso o pollos de corral. El resto lo arreglamos.

No podía soportar despedirme del chico. Lloriqueando, mis ojos se llenaron de lágrimas, y la verdad es que esa vez no encontré cigarrillos en los bolsillos de mi bata de laboratorio que me ayudaran, estaba tratando, por enésima vez, de dejar de fumar. Lo máximo que pude hacer fue pasar tres o cuatro días sin ponerme un pito en la boca.

– ¿Está llorando, doctor? – Preguntó Paulito, mientras me abrazaba.

– ¡Llorando...! ¡Te estás volviendo loco, muchacho! Mira que te encierro de nuevo... ¿Si no lloro por una mujer, voy a llorar por un hombre adulto...?

Y, ahorrando palabras, lo boté del Sanatorio, golpeándolo en las nalgas.

Cuando el jeep polvoriento arrancó, saqué un pañuelo de bolsillo y me sequé las lágrimas furtivas que seguían rodando por mis mejillas, que el tiempo había arrugado implacablemente.

Alguien que entraba en ese mismo momento me preguntó:

– ¿Pajilla en el ojo, Doctor...?

¡No es asunto tuyo, entrometido! – respondí, exorcizando a todos los demonios con media docena de palabras...

– ¡Será mejor que te ocupes de tu trabajo!

Sin que yo pudiera explicarme, algo me llamaba insistentemente en dirección a la habitación que ocupaba Paulito últimamente. Tomando un pequeño portapapeles, caminé por el pasillo subterráneo y lentamente abrí la puerta del pequeño apartamento. Tuve la clara sensación que alguien estaba roncando en esa cama, todavía con las sábanas desordenadas; la funda de la almohada se había movido cuando entré...

Llamando a doña Modesta, después de concentrarse, ella me dijo lo que percibió a través de la videncia:

– Inácio, Torquemada está aquí; él duerme un sueño profundo, aunque lleno de horribles pesadillas...

No es recomendable que nadie ocupe esta habitación por el momento. Dice Bittencourt Sampaio que será nuestro invitado durante un tiempo... Vamos a mantener el apartamento cerrado, incluso impidiendo que otras personas accedan al recinto.

Y así se hizo. Durante meses, ante la creciente curiosidad de enfermeras y personal, mantuvimos bajo llave la habitación que Paulito había ocupado. En pleno proceso, digamos, de hibernación psíquica, Torquemada se preparaba para su regreso a la Tierra; por supuesto, el mundo espiritual superior se encargaría de los detalles de su reencarnación, que, dicho sea de paso, estaría dictada por sus necesidades kármicas. No había mucho que interferir. El ex inquisidor, en un poco más de tiempo, iniciaría su doloroso proceso de elevación espiritual, curando las heridas que la culpa había abierto en los tejidos sutiles de su conciencia. Sin duda, tal como estaba, su camino redentor sería difícil, pero seguimos convencidos de las palabras del Señor: *"Ninguno de todos los que el Padre me ha dado se perderá."*

42 –
JARDIN RESENTIDO

Las actividades en el Sanatorio continuaron sin cambios; cada semana, nuevos pacientes llamaban a nuestras puertas, víctimas de los más variados trastornos – casi todos; sin embargo, no querían tener nada que ver con la Doctrina, apuntando única y exclusivamente a su curación inmediata... Para la mayoría, el Sanatorio era el último recurso: recurrieron a nuestros servicios cuando ya había agotado los recursos de la medicina convencional y la religión a la que estaban afiliados. Llegaron buscándonos, deseando una superación inmediata y sin tener que renunciar a los credos religiosos que abrazaban; tomaban el pase, bebían el agua fluidificada, repetían nuestras oraciones, participaban en actividades de adoctrinamiento y de Evangelio, pero... todavía no creían en el Espiritismo. Nunca pude entender tal postura – si aceptable, por parte de algunos pacientes, incoherente de parte de la familia y amigos que los llevaron a nuestra casa.

Apenas a pocos días de la partida de Paulito, el jardín mostraba signos de abandono, como si las plantas estuvieran resentidas por la falta de alguien que supiera cómo lidiar con ellas. Los empleados se turnaban en la tarea de regarlo, pero no era lo mismo, papeles y colillas ya se acumulaban sobre la alfombra verde de hierba... Mis intentos de reemplazar al jardinero que había sido despedido por otro interno fueron inútiles...

Hacía casi un mes que no sabíamos nada de Paulito, quien sin duda estaría comprometido a ayudar a su padre en la finca.

La última habitación que había ocupado permanecía cerrada; de vez en cuando, al pasar por el pasillo, me asomaba por el pequeño hueco de la puerta, llamado postigo, para comprobar que todo estaba en orden. A veces pensaba que podía oír gemidos y lamentos resonando bajo mis pasos mientras me alejaba. La presencia espiritual de Torquemada en el Sanatorio fue la garantía que Paulito estaba bien.

Después de algunas semanas, tuvimos una comunicación psíquica impresionante en nuestra reunión de los miércoles. Un espíritu, incorporándose a doña Modesta, comenzó a quejarse:

– ¿Dónde está...? Queremos a Torquemada con nosotros, ¡es nuestro...! ¿Quiere ir a tu lado ahora? Después de todo lo que nos ha hecho, no creas que nos dejará así... ¡Lo escondiste!

¡Dinos dónde está...! Lo hemos estado buscando por todas partes... Hemos revuelto cada centímetro de este hospital... Nuestro nuevo líder lo quiere, será nuestro trofeo de guerra ¡Queremos la cabeza de Torquemada...!

– ¿Quiénes son ustedes? – Pregunté, incapaz de entender cómo aun no habían descubierto el espíritu del ex inquisidor en la habitación de abajo.

– Somos víctimas y verdugos... Sufrimos en sus manos y estábamos subordinados a él... Queremos venganza, queremos quemarlo... Encenderemos un gran fuego por ese asesino. No intentes detenernos... Hemos oído que se está tramando su regreso al cuerpo; no sirve de nada, lo descubriremos... No podrás convertirlo. Tenemos espías por todas partes...

– Déjalo en paz – argumenté, algo desconcertado –. Me entristeció darme cuenta de la magnitud de la lucha que seguramente se extendería por siglos. Está enfermo, sin memoria... Olvídate para siempre de Torquemada. Que lo que le pasó te sirva de ejemplo, el mal no paga. Tarde o temprano, nos arrepentiremos de todas nuestras nefastas acciones.

– ¡Qué cosa...! Se debilitó, porque se dejó traicionar por sus propios sentimientos... No nos puede gustar nadie. Amar es sufrir, no conocemos la palabra renuncia y no nos interesa eso que llaman evolución espiritual, esto cansa, ¡estamos bien, como estamos...!

– Nadie puede vivir así; todos necesitan unos a otros – insistí en el diálogo, sabiendo, de antemano, la inutilidad de mis palabras en ese momento –. El egoísmo nos enferma, el que se aísla termina en desequilibrio... Necesitamos confiar en alguien, no hay nadie que pueda generar el mismo aire que respiran... Nuestros pulmones reciben oxígeno puro, sin que nosotros hagamos nada para producirlo; estamos a merced de la Divina Misericordia...

– ¡Cállate, Doctor...! – Me gritó el espíritu en mi oído –. Eres muy sagaz, pero no podrás con nosotros; no pretendas lo que ni el tiempo ha logrado... Torquemada es un tonto; nos está haciendo quedar en ridículo... Su fragilidad compromete a la organización. No creas; sin embargo, que él es el más grande entre nosotros. ¡No! Nuestro jefe supremo no se digna hablarte directamente: permanece inaccesible; un general no se expone en el campo de batalla; esta es una tarea para soldados sin divisas.

– Sabes que luchar contra el bien es simple pérdida de tiempo – repliqué –. Todo converge a la Luz... La oscuridad no dura más de una noche...

– Y la luz – respondió de inmediato –, no dura más de un día... ¡No se preocupe, doctor, no se preocupe! La verdad es una utopía, no nos molestes y no te molestaremos. Son ustedes, sí, ustedes, los que se empeñan en evangelizarnos... Conserva a tu Cristo y déjanos en paz.

– Pero tú quieres gobernar el mundo...

– No, eso no es verdad; son ustedes los que quieren tomar lo que es nuestro desde el principio... Deja que las cosas sucedan naturalmente. Este espacio es nuestro, no tuyo. ¿Qué predica tu Cristo? ¡Morir en la cruz...! Es una cuestión de elección y no queremos. El universo es tan vasto; conquisten otros mundos: ¡la Tierra es nuestra! La felicidad que predicas es sinónimo de sacrificio. ¿perdonar? Ahora, doctor, no nos hable del perdón, la virtud por excelencia de los débiles, preferimos a Moisés, "ojo por ojo, diente por diente." No hay justicia sin fuerza... La religión debilita almas. Es mejor golpear que ser golpeado... Si tienes una vocación parecida – la vocación del masoquismo – no podemos hacer nada: recibe que golpearemos...

– Hermano, tus conceptos son una locura...

El bien genera felicidad y bienestar. Te garantizo que no tienes la conciencia tranquila... ¿Alguna vez has tratado de escuchar a tu yo interior?

– No pierdo el tiempo en esto; esto es una locura... Tus tácticas son astutas. No sé lo que es la conciencia; me siento fuerte, saludable...

– Frágil como una nube que se disipa a la menor ráfaga de viento... – Respondí, sin intención de desafiarlo – . El verdadero poder reside en la humildad; con las muñecas clavadas en la cruz, Cristo sigue venciendo... Ceder pide más que ambición. Quien no es capaz de entregarse, no se supera a sí mismo. No somos una obra terminada, pero estamos, a través de las múltiples experiencias que vivimos, despertando al dios que existe en nosotros...

43.– GUARDIÁN DEL INQUISIDOR

No sentí pasar el tiempo, consultando el reloj verifiqué que llevaba casi una hora hablando con ese ente, bajo los oídos atentos de dos asambleas que presenciaron el desenvolvimiento de ese diálogo, que se prolongaría por unos minutos más.

– Se nos acaba el tiempo – advertí al espíritu, que me preguntó con una voz irónica:

– ¡¿Está huyendo, Doctor...?!

– No, no lo sabes; sabes que no somos de los que huyen de la refriega – respondí sin rodeos, como era mi costumbre –. No hay razón para temer, porque, después de todo, somos inmortales, ¿no? En vano el diablo trata de asar las almas en el infierno... Nadie cambiará nuestra misma esencia, pertenecemos a Aquel que nos creó y no a Aquel que reclama posesión de nosotros... ¡Es imposible resistir la fuerza de atracción que nos llama a volver a Dios...!

Ustedes están sirviendo de instrumento para que nos perfeccionemos más deprisa, nos están empujando hacia adelante, marcando el paso en la retaguardia.

– ¿Quiere decir que tenemos alguna utilidad? – Preguntó el espíritu, revelándose ahora impaciente.

– No hay nada inútil: un simple bloque de piedra es fundamental en los cimientos de una construcción...

– Basta de tonterías, doctor... Queremos saber de Torquemada y usted nos entretiene. ¡No nos desafíes! Si bien te respetamos, no te consideres inmune; tenemos gente que haría cualquier cosa por verlo encerrado en una de sus propias celdas...

– No necesitarían mucho esfuerzo para eso; estoy en este hospital a tiempo completo... Sé que necesito tratamiento. Alguna vez te dije que soy mejor que otra persona... Lo que me diferencia de ti es que reconozco mi grado de locura.

– Queremos a Torquemada – insistió en el punto de partida de su conversación con nosotros –. Dinos dónde está y te dejaremos en paz... Lo secuestraste; invadiste nuestro territorio y nos desafiaste... Los nuestros esperan una reacción nuestra – no podemos permitir que focos de conspiración nos amenacen... ¡Si no nos dices dónde está Torquemada, dirigiremos nuestras baterías contra este hospital! ¡Esto de aquí tiene que convertirse en un horno...!

– No sé nada de Torquemada – respondí convencido que no mentía –. No estoy ahí, para saber lo que pasa entre ustedes: no soy médium, no escucho y no veo...

– ¡Está vivo, doctor...!

– Estamos vivos...

– Nos pagarás caro...

– Somos pobres, no tenemos nada; vivimos de la caridad de los demás...

– No nos rendiremos...

– Para no rendirnos, nuestras razones son más justas...

– Estaremos de vuelta...

– ¡Queremos que te quedes con nosotros...!

En ese momento, la señora Modesta salió del trance, casi todo el tiempo de la reunión lo había pasado dialogando con ese ente, quien al salir murmuraba unas palabras en latín, era otro que vestía sotana en mi camino. La idea de haber sido sacerdote en el pasado me aborrecía, pero la verdad es que, con extrema facilidad, me encontré vistiendo el hábito de los benedictinos – el burel blanco adornado con la cogula negra. Cuántas veces he tratado de deshacerme del golpe de caminar por los pasillos del Sanatorio, con las manos entrelazadas a la espalda, con un pulgar girando sobre el otro en continuo movimiento...

– Inácio – me dijo el médium, en cuanto recobró la lucidez – redoblemos la vigilancia; incluso, evitemos pensar insistentemente en Torquemada en esa celda del sótano – hay espíritus obsesores que son especialistas en rastrear nuestros pensamientos: evitemos.

La palabra de doña Modesta me había sonado como una preciosa advertencia. Esa misma noche cerré con llave la puerta del pasillo que daba acceso a la habitación donde resonaba el espíritu del ex inquisidor. Asombroso: ¡Me había convertido en su guardián...!

Tal como lo prometió la entidad que lo había comunicado, durante meses permanecimos bajo mayor hostigamiento espiritual en el Sanatorio –inicio de incendio en la habitación de varios internos, intentos de suicidio, pacientes tranquilos que cambiaron inesperadamente, empleados que discutían, médiums ofendidos, agresiones de la Iglesia a través de la prensa... problemas encima de los problemas. Sin embargo, valientemente resistimos todo. Justo cuando estaba a punto de explotar, llegó un mensaje del mundo de los espíritus y las cosas se calmaron.

De vez en cuando, cuando me detenía a mirar el jardín, una tristeza se apoderaba de mi corazón: no podía pagar todos los días a un jardinero... Lo que estaba aliviando el sufrimiento de las plantas es que, varios días, en Uberaba, llovió sin interrupción.

¡No sé con certeza el día de la semana, si fue viernes o sábado, cuando para mi sorpresa recibimos la visita de Paulito y Mariana, quienes iban acompañados de su padre y doña Josefina! Y para mí, en concreto, un rollo de tabaco con una cuerda tal que cualquier otro fumador empedernido me hubiera dado toda una vida de cigarrillos, pero no para mí.

Paulito estaba genial: había engordado y estaba bronceado; había cumplido dieciocho años hacía pocos días y había venido a informarme de su compromiso con Mariana, con boda prevista para el próximo mes de diciembre, en Nochebuena.

– Los chicos quieren casarse pronto, Dr. Inácio – dijo doña Josefina, satisfecha con la felicidad de su nieta.

– Tienen razón, hermana – le respondí.

– Queremos que vayas – me dijo el señor Juliano –. Después de todo, te debemos la cura de Paulito...

– Agradezco la invitación y, espiritualmente, prometo estar presente, pero hace mucho tiempo que no salgo de Uberaba. No viajo a ninguna parte. ¿Lo entiendes? Es de la casa al Sanatorio y del Sanatorio a la casa...

– ¡Vamos, doctor, nos vamos a poner tristes! – comentó Paulito, mostrando el par de anillos de oro que me habían pertenecido.

– Te es más fácil venir a Uberaba, ven cuando quieras... Lo esencial es que seas feliz.

– Pero tú serás el padrino de nuestro hijo... – subrayó Mariana, con su hermosa e inolvidable sonrisa de niña –. No puedes escapar de este. Cuando nazca nuestro primer hijo – por supuesto, después de nuestro matrimonio –, lo traeremos aquí para que puedas conocerlo...

44.–
PACTO DE SILENCIO

Doña Modesta, Manoel Roberto y yo habíamos hecho un pacto de silencio en torno a lo que se escondía en el pasillo de la planta baja del Sanatorio, ya no comentábamos el asunto, dejando que el tiempo se encargara de todo... Confiados, proseguíamos cumpliendo con el deber, concentrando ahora nuestras preocupaciones sobre los demás internos y las niñas del Hogar Espírita.

Periódicamente, cuando era el momento adecuado, hablábamos en código; a los empleados, les explicamos que estábamos esperando recursos para promover una renovación en el sótano, que podría colapsar, con la madera comprometida por las termitas.

Muy pocas veces, abríamos la puerta que daba acceso al corredor, en el que, como admitimos, el espíritu de Torquemada permanecía esperando una nueva oportunidad en la Tierra.

Hablando, pues, con doña Modesta, cuyas dotes mediúmnicas de clarividencia eran sumamente fidedignas; recibió información impresionante sobre el caso:

– Nuestro desgraciado hermano se está desfigurando, Inácio; su cuerpo espiritual está pasando por un proceso de restricción... Actualmente, parece un enano con el rostro deformado; temo que renazca en un estado físico deplorable... Creo que sus antiguos socios de ayer y sus acérrimos opositores de hoy serían incluso incapaces de reconocerlo.

En una de nuestras sesiones mediúmnicas, el espíritu Bittencourt Sampaio nos dijo:

– Torquemada, en su afán de huir de sí mismo, se está despersonalizando... Recordamos las palabras de Cristo: *"Y si tu mano o tu pie te es ocasión de caer, córtala y échala fuera de ti..."* Es un proceso psíquico irreversible, impuesto por la conciencia culpable. Con el tiempo, con la ayuda de la divina misericordia, se comprometerá en la tarea de su propia reconstitución espiritual... En unos meses más, podremos gestionar su devolución. Solo nos quedamos a la expectativa que tus futuros padres puedan recibirlo; el magnetismo psíquico está hecho: hilos muy sutiles lo unen al espíritu de aquel que no dudará en apoyarlo en la condición de padre... Sin embargo, todo cuidado es poco. La oscuridad sigue vigilando... Todavía tendremos que desdoblarnos para que nuestro compañero no sea molestado. Desafortunadamente, su peso karma no lo exime de la acción de aquellos que le acechan los movimientos. Sin embargo, el primer y decisivo paso de su jornada redentora ya se ha dado, no importando que concluya dentro de mil años… Es nuestro deber protegerlo, sin olvidarnos, que el propio Señor padeció en las manos de los que lo llevaron a la cruz.

Sin preocupaciones, en estas notas mías, para colocar el episodio que describo en el calendario – siempre he sido pésimo con las fechas –, les digo que la invitación a la boda de Paulito con Mariana no se hizo esperar a llegar. Nos pusimos felices. El enlace matrimonial fue oficiado por un sacerdote de la Iglesia Católica, hubiera en el mismo Capão–da–Onça – más que una razón para no asistir.

Adjunto a la invitación, Mariana me escribió una notita:

– *"Dr. Inácio, pedimos sus oraciones a favor de nuestra seguridad, Paulito es genial, cuando podamos, lo visitaremos. Nunca lo olvidaremos. Un beso."*

Además del par de anillos que les había dado, me sentí obligado a enviar a la pareja otro regalo: tenía encuadernado un volumen de *"El Evangelio según el Espiritismo"* y, cuando el primer camión de leche partió para Capão–da–Onça, con una sincera dedicatoria les envié el libro deseándoles mucha paz y alegría.

Yo estaba preocupado: dos jóvenes llenos de sueños, comenzando la vida con tantos presagios de luchas... Pensé en la sublime misión de la maternidad en la Tierra. Para confirmar nuestros presagios y las instrucciones de los amigos de la vida mayor, que nunca hablaban tan claro, Mariana tendría que ser muy fuerte; como médico, temía incluso por su salud y equilibrio... ¿Cómo se podía lograr una flor tan delicada cuando Mariana llevaba una espina tan afilada en el tallo...?

Una vez, escuchando mis pensamientos, el espíritu Bittencourt Sampaio me habló a través de doña Modesta:

– Hermano, no te preocupes; todos somos hijos de Dios... Ni siquiera a la serpiente le falta un nido acogedor donde refugiarse. La Madre Tierra nos cobija a todos, sin contar las veces que manchamos su regazo bendecido con la sangre de nuestros hermanos... Los nobles espíritus se someten a los más rudos sacrificios, por amor a la verdad. ¿Cuántos reencarnaran para ser inmolados en el testimonio de la fe? Herodes mandó decapitar a más de dos mil niños... ¿Cuántas niñas y niños, antes de ser asesinados en los circos del martirio, fueron violados por sus verdugos? ¿Cuántas madres tuvieron a sus hijos atravesados por espadas en su propio vientre...? La estrella no rehúsa su beso de luz sobre la faz del estanque en el que, pálida, se refleja. Sin un corazón de madre, el hombre nunca se redimiría de sus errores... Confiemos.

Siempre fue así: nuestros benefactores espirituales no nos abandonaron; vigilantes, en el momento oportuno con discreción y sabiduría nos guiaron, calmando nuestros anhelos.

Hubo un día en que, de madrugada, al llegar al Sanatorio, noté todo de manera diferente: un día sin sol, un día pálido, de esos en que las mismas flores parecen sin frescura; las hojas de los árboles no se mueven, ningún gorrión asoma en el techo, las calles parecen vacías de niños ruidosos...

A la media hora llegó doña Modesta y, con Manoel Roberto, nos encontramos en mi oficina.

– Es extraño, ¿no es así, Modesta? – Pregunté sacando el tema.

– Sí, Inácio. El tiempo está atascado... – respondió.

– Me parece uno de esos días de la Edad Media – observó con precisión Manoel Roberto.

– ¿Cómo lo sabes, querido?– le pregunté, con un ligero golpecito en el hombro del desinteresado acompañante.

– Absolutamente, doctor, absolutamente.

– Bajemos, Inácio – invitó doña Modesta –. ¿Las llaves están contigo? Creo que ha llegado el momento de abrir ese apartamento de una vez por todas.

– Debe estar lleno de moho y telarañas – dije, sacando un llavero de dos piezas del cajón de mi escritorio.

45 –
LA REENCARNACIÓN
DE TORQUEMADA

Entrando a escondidas, con las disculpas de quien, en unos días más, comenzaría la remodelación del sótano, saciamos la curiosidad de tres o cuatro empleados que nos miraban bajar y se detuvieron frente a la habitación que Paulito había ocupado en sus últimos tiempos en el sanatorio.

Al pedirle a Manoel Roberto que abriera la puerta, noté a doña Modesta casi en estado de trance. Mi larga relación con esa médium excepcional me había enseñado a tratar con sus facultades...

Apenas entramos y encendimos la luz de una pequeña lámpara, doña Modesta comenzó a describir, en trance sonámbulo:

– La habitación está vacía, Inácio; el espíritu ya no está: creo que se establecieron sus primeros vínculos con el nuevo cuerpo en formación... ¡Gracias a Dios! Oremos para que todo se consuma. Ya no hay ninguna razón para que mantengamos este corredor cerrado... Deberíamos incinerar el colchón y las sábanas – Puedo ver los restos de una materia extraña y fétida en ellos... Blanqueemos esta habitación e iluminémosla mejor.

– Quieres decir – pregunté – ¿se ha ido nuestro invitado?

– Sí; en unos meses renacerá... No hablemos más de eso, Inácio, ni escribamos ahora... La gente no creería lo que estamos viviendo aquí... Nos llamarían locos...

– Aun más locos, querrás decir... – No pude resistir la ironía, reflexionando sobre lo que incluso muchos espíritas dirían de nosotros, de ellos, nuestros dichos compañeros ideales, doña Modesta y yo aguantamos actitudes maliciosas de incomprensión.

– Inácio, vamos a moderarnos – me llamó la atención –. Doña Modesta fue la única de quien acepté tal tirón de oreja.

Orientando a Manoel Roberto en el sentido que se tomaron medidas de limpieza, salí con nuestra hermana, quien, naturalmente, se había reintegrado a su estado de conciencia.

Estando solo en el trato diario con los otros pacientes, comencé a extrañar a nuestro invitado, una especie de añoranza por su presencia entre nosotros. Yo, que nunca había podido imaginar que algún día llegaría a estimar a un sacerdote, ni siquiera al mejor de ellos, me faltaba el más terrible de los inquisidores...

El miércoles por la noche, en nuestro siempre esperado encuentro mediúmnico, luego de haber registrado la presencia espiritual del ilustre médico francés Pierre Janet, quien nos visitaba frecuentemente, una entidad se manifestó en tono amenazador:

– ¡¿Dónde está él?! Dinos, ¿dónde está...?! No intentes ocultarlo: ¡lo encontraremos...! Es nuestro, está comprometido con nosotros. Tendremos que encontrarlo... No intentes engañarnos. Estuvo aquí todo el tiempo, ¿no? No teníamos acceso a tu escondite, pero ahora nada nos detendrá... Este es nuestro momento... Reivindicamos nuestros derechos. ¿Por qué le estarían dando a ese criminal un trato diferente? ¿Dios no es justo...? ¿No sigues proclamando su imparcialidad...? Hasta ahora no ha pagado nada de lo que debe... No tendremos piedad: cuando lo encontremos, ¡lo guardaremos en cautiverio...!

– Amigo mío – traté de argumentar –, ¿le harías daño a un niño enfermo...?

– ¡No hay tal cosa de historia de niños! El espíritu es espíritu, y eso es todo – respondió de inmediato –. No intentes conmovernos... ¡No retrocederemos!

– Pero está enfermo...

– Todos lo estamos y nadie se apiada de nosotros... No dudó en engañarnos. Lo que nos hizo llorar haría que el océano se desbordara... No lo conoces; simplemente busca ganar tiempo y recuperarse... Torquemada nunca se arrepentirá... ¡Queremos perforarle los ojos, quemar su boca con carbones, derramar aceite hirviendo en sus oídos! ¡Queremos, con él, llegar hasta el final! Dicen que el espíritu es inmortal: ya veremos...

– Hermano, olvidemos...

– ¡Imposible! Tenemos espías cerca y hemos recibido información importante que comprobaremos... ¡La arrebataremos, sean cuales sean las condiciones! Para nosotros esto es una cuestión de honor... No sabes medir nuestro poder. Si no quieres cooperar, cállate... Te lo advertimos: lo sabrás... Cuando lo sepas, verás que no hablamos por hablar...

– ¡Es increíble...! – Exclamé, sacudiendo la cabeza.

– ¡Qué es increíble?

– Dos mil años del Evangelio y ustedes en la misma...

– ¡Ustedes no, doctor! – Me respondió, incisivo –. Dobla tu lengua, nosotros en la misma... El mundo es un caparazón que solo cambia por fuera; el espíritu es este pantano de intereses mezquinos... ¡No tenemos vocación para la cruz...! Dejemos, de paso, este tema...

Al cuarto mes de haberse concretado el matrimonio de Paulito con Mariana, nos llegó la noticia que la joven estaba embarazada. Embarazo de alto riesgo, había venido a Uberaba a consultar a un reconocido especialista en el área, quien incluso le propuso el aborto alegando que, según sus análisis, el feto estaba malformado; la auscultación cardiológica evidenció el sufrimiento del niño, quien, solo de milagro, nacería en perfectas condiciones cerebrales. Mariana y doña Josefina, su abuela, se opusieron categóricamente a la propuesta del médico, en la que fueron respaldadas por Paulito.

Estando con nosotros un tiempo en el Sanatorio, le recomendé calma y confianza, orientando a Mariana a permanecer en severo reposo en los meses que aun faltaban para su parto; estaba pálida y con el rostro triste... Paulito trató de consolarla, pero se notaba la dificultad con que enfrentaban el problema.

Ambos estaban deprimidos.

Cuando le dio un pase en su casa, donde me ofrecí llevar a la joven pareja en su corta estadía en la ciudad, a doña Modesta le dio un rápido malestar estomacal, bostezos secuenciales que llegaron a preocuparme. La médium había tenido una caída repentina de la presión arterial. Pero a partir de ahí, el embarazo de Mariana se consolidaría.

46.–
NACE EL NIÑO

Los meses pasaron rápido, en el Sanatorio no éramos – ¡gracias a Dios! – capaces de detenernos mucho tiempo en el análisis de un problema: había mucho por hacer, todos los días – enfermos que llegaban, pacientes que se iban... Afortunadamente, con la ayuda mediúmnica de doña Modesta, las dificultades estaban siendo atendidas. Al trabajo conjunto con la espiritualidad le debemos prácticamente todos los casos de sanación que podemos. ¡Ay, si, como médico, hubiera estado a merced de mis escasos conocimientos! Más tarde, cuando la desencarnación de Doña Modesta, que tuvo lugar el 8 de agosto de 1964, me habría sentido como un ciego andando a tientas en la oscuridad... Es imposible tener éxito en el trato con pacientes psiquiátricos sin pensar en el aspecto espiritual. Lo siento compañeros doctores – lo siento profundamente – que memorizan ciertos medicamentos y comienzan a practicar la Psiquiatría con un bolígrafo y un talonario de recetas en la mano. Todo paciente psiquiátrico es una incógnita que hay que desentrañar: si los médicos se interesaran por uno solo de ellos, aprenderían de la vida lo que los bancos universitarios no les enseñaron. Desgraciadamente, hoy en día, la preocupación de la mayoría es exclusivamente por la ganancia material, perdiendo, en el contacto con los pacientes, la oportunidad de conocerse un poco y mejorarse. Sin que el médico utilice el estetoscopio del alma, escuchando la realidad íntima de sus pacientes, se quedará en el análisis superficial de las patologías mentales, todas ellas, sin excepción, con un innegable componente obsesivo.

Imagínense si, desde el principio, en el caso de Paulito, no había tomado en cuenta el lado espiritual del juicio que lo afectó, involucrando a sus familiares. Ciertamente, el curso de los acontecimientos habría sido muy diferente; sin embargo, con la ayuda del mundo espiritual, pudimos volver a la causa que se escondía detrás de una causa aparente y tuvimos acceso a una historia fantástica, que se venía arrastrando durante siglos.

Sin embargo, es fundamental tener una salvedad que consideramos importante: los instrumentos mediúmnicos que se convierten en soportes seguros en casos psiquiátricos son escasos. Desgraciadamente, la mayoría de los médiums se revelan sin discernimiento y sin idealismo, constituyéndose, en innumerables ocasiones, en teniendo el personalismo exacerbado interfiriendo en la obra de los buenos espíritus... Yo les digo que, sin la médium doña María Modesta Cravo, el Sanatorio Espírita de Uberaba, en su apogeo, no habría existido, y yo mismo, Inácio Ferreira, no habría alcanzado el relativo éxito profesional en la especialidad a que me dediqué. ¡Era común, en nuestras inolvidables reuniones mediúmnicas en el Sanatorio, que el famoso médico francés Pierre Janet se comunicara e intercambiara ideas conmigo, a veces en su propio idioma!

Dejando; sin embargo, tales reflexiones de lado, a la espera que les sean de utilidad, debo decirles que, finalmente, para nuestra alegría y para nuestra tristeza, nació Júnior – sí, el hijo de Paulito y de Mariana, mi el ahijado Tomás de Torquemada, el más terrible de los inquisidores de la Edad Media, se había reencarnado. Estábamos contentos con la noticia de Rufinópolis, pero tristes al mismo tiempo, porque, según informaciones, el niño nació con serios problemas: no podía ver y tenía piernas y brazos más pequeños que un niño normal; según las descripciones, que más tarde tendría la oportunidad de confirmar, era un cuasimodo, ¡un pequeño monstruo!

Quiero escribir esta palabra para definir los rasgos físicos del niño que Mariana había dado a luz, en medio de sus más bellos sueños de niña que se convertía en mujer.

Estaba tan abatido por la noticia – aunque les digo que la esperaba tal cual llegara a mí – que, en la primera reunión mediúmnica que tuvimos, expuse al espíritu de Bittencourt Sampaio mis angustias respecto a Mariana y Paulito.

– Hijo – me dijo persuasivo – no te preocupes: la joven pareja superará la prueba en la que participan... El infeliz compañero renació exactamente en el estado mental en el que se encontraba – nuestros pensamientos guían a las células en la formación del cuerpo material – la salida bendita de nuestras imperfecciones. Es posible que, durante muchas vidas, se presente con deformaciones agradables, hasta que logre, en sí mismo, incluso el equilibrio necesario para el propio reajuste.

Es casi seguro que, en su primer intento, no podrá sobrevivir más que unos pocos meses... La divina misericordia; sin embargo, les concederá a Mariana y a Paulito hijos sanos; sin embargo, nunca olvidarán la experiencia que están viviendo ahora... Al contemplar al niño deforme en los brazos de su madre y su padre, emitirán ondas de pensamiento que cooperarán en el equilibrio psíquico, lento y gradual, del espíritu enfermo que recibieron como hijo: sus pensamientos lo acompañarán y serán bálsamo para él, esculpiendo su forma humana...

Entendí lo que me había dicho Bittencourt Sampaio, pero no pude quitarme de la cabeza la mirada de asombro hacia Paulito y Mariana, cuando la partera ciertamente había puesto en sus brazos la figura deforme del diminuto ser transformado.

También según información de amigos que semanalmente venían a Uberaba, ¡el cura de la pequeña capilla rural cercana se había negado a bautizar al niño! Nos quedamos todos asombrados: la Iglesia, que había hecho del espíritu Tomás de Torquemada aquello en lo que se había transformado ahora lo vomitaba, considerándolo, seguramente, el hijo de Satanás. ¡Impresionante el descaro de instituciones gobernadas por la hipocresía de los hombres...!

Un día, en la tarde, estaba mirando por la ventana del refectorio el jardín central abandonado del Sanatorio, entonces, sin aliento, Manoel Roberto me interrumpe cuando estaba, ominosamente, a punto de encender un maldito cigarrillo.

– ¡Dr. Inácio, Dr. Inácio! – Me interpeló con asombro –. ¡Llegaron! Paulito y Mariana están ahí... Venga a ver...

47.–
CON MI AHIJADO EN MI REGAZO

En cuanto me vio caminando pesadamente por el pasillo – siempre he sido delgado, pero los problemas me hacían pesar mucho –, Paulito vino a mi encuentro y Mariana, justo detrás con el niño en brazos, me abrazó y no pudo aguantar más las lágrimas, derramando todo el llanto acumulado desde que nació su hijo. Yo tampoco pude controlarme, como tantas veces había hecho antes: traté disimuladamente de sacar el pañuelo de uno de los bolsillos de mi bata de laboratorio y, secándome los ojos, no pude decir nada...

Fue Mariana, ese ángel en forma de niña graciosa y tierna, quien le dio la vuelta a la situación embarazosa, entregándome al niño:

– Dr. Inácio, llévate a tu ahijado... Nació enfermo, pero Dios le devolverá la salud... Parece un pajarito que se cayó del nido... Su nombre es Junior y es un amor de niño: no llora por las noches, no se queja de nada...

Soltando a Paulito, a quien le presté mi discreto pañuelo, tomé al niño en mis brazos y comencé a examinarlo. De hecho, mi ahijado era casi una masa de carne deforme: ojos abiertos que no podían ver, cabeza de tamaño normal en un cuerpo diminuto, brazos y piernas torcidos, y el corazón latiendo en su pecho a un ritmo más rápido que el de un niño sano; los músculos de las mejillas no se contrajeron, ni cuando jugaba con él, haciendo *bilú* con sus labios, que permanecieron inmóviles...

– Doctor – me dijo Mariana–, queríamos que hiciera una oración y lo bendijera... El cura no quiso bautizarlo, alegando que la iglesia no tiene autorización del arzobispo de Uberaba...

Era, otra vez, el viejo Xandico en acción... Una vez, alguien, definiéndome en la soledad en que vivía recluido en mi casa de la Avenida Dr. Fidélis Reis habló correctamente: – ¡Dr. Inácio Ferreira es una isla rodeada de sacerdotes por todos lados...! Blasfemé, pero no pude evitar sonreír al ingenioso amigo que, si la memoria no me falla – la memoria fallida no es tal cosa tampoco –, fue o Doca, nuestro inolvidable Orlando Ferreira, escritor.

Manoel Roberto había hecho arreglos para que alguien fuera a buscar a doña Modesta, que vivía a unas cuadras del Sanatorio, a medida que ella llegaba, el ambiente se hizo más agradable y me sentí apoyado espiritualmente.

En toda mi vida como médico, incluso cuando era estudiante en Río, nunca había visto un caso así: un niño que naciera en esas condiciones y sobreviviera.

Antes que nos dispusiéramos a orar por Junior, con la ayuda de doña Josefina, la abuela de la que nunca se separó, Mariana comenzó a amamantar a su hijo, que le chupaba el pecho con ansia, perdón por la expresión, pero era como si una estrella fuera alimentando un estercolero... Evité la vista de aquel cuadro que tanto me desconcertaba.

Sosteniendo en mi regazo el espíritu del ex inquisidor, ahora transformado en un niño frágil, expuesto a los peligros de enemigos invisibles que seguramente no le darían tregua, oré asistido por doña Modesta, contradiciendo mis hábitos espíritas que no tenía. Realmente me gusta orar allí:

– Señor Jesús, que Tu protección sea sobre esta niño que, como nosotros, es un espíritu falto de luz... ¡Que Tus bendiciones sean sobre él y sus jóvenes padres, que lo reciben con tanta ternura y amor! Que seamos, en la Tierra, los instrumentos de su felicidad... Nuestras vidas, Señor, descansen en Tus manos misericordiosas, que curaste a los leprosos, devolviste la vista a los ciegos, hiciste caminar a los paralíticos... Que el ahijado espiritual de esta casa que siempre cuente con nuestro apoyo incondicional, que lo protegeremos, en su caminar redentor... ¡Alabado sea Dios!

Haciéndome imponer mi mano derecha sobre la frente del muchacho, que no reaccionó, doña Modesta dijo unas palabras más en oración y dimos por terminada aquella, digamos, informal ceremonia.

A través del trabajo de Manoel Roberto, llegaron algunas delicias de la cocina, como el café caliente, recién hecho, que aun hoy extraño.

Buscando iniciar una conversación, Paulito preguntó, sonriendo:

– Y entonces, Dr. Inácio, ¿ya terminaste ese rollo de tabaco que te traje?

Al darme cuenta que mi nuevo amigo quería relajarse, modifiqué:

– Bueno, Paulito, eso es poca cosa para mí: puedes enviar más... Según doña Modesta, conmigo fuman decenas de espíritus. Si ese es el caso, no puedo dejar pasar a esta multitud; Por eso fumo tanto...

Sonreímos, pero llegó el momento de las despedidas. El señor Juliano, que los había dejado en el Sanatorio y había ido a un banco a resolver el problema de un préstamo, estaba de regreso con su viejo jeep polvoriento.

Nos despedimos, pero antes que se fueran nuestros amigos, llevé aparte a doña Josefina y le confié mis preocupaciones.

– Creo – le dije rotundamente –, que el niño no sobrevivirá; el corazón me parece frágil, lo que no tardará en comprometer los pulmones... Por favor, permanezca atenta. Si necesitan de algo, ya saben a quien recurrir.

– Ya lo noté, doctor – respondió doña Josefina –, no es solo el corazón que late un poco acelerado… Desde que nació ese niño, he tenido extraños presentimientos; la mayoría de las noches sueño con casas en llamas, caras deformes y demacradas que miran dentro de nuestra casa... No sé, pero han estado sucediendo cosas extrañas. Dos terneros fueron devorados vivos, nadie sabe si un jaguar o una anaconda. Como no vimos marcas de sangre, creemos que fue una anaconda...

Ya no había tiempo para conversar... Si no se daban prisa, viajarían de noche y, con el recién nacido, no sería interesante.

Con un fuerte abrazo, me despedí de Paulito, diciéndole a Mariana, que me había dado un beso en la mejilla:

– ¡Eres la comadre más linda que existe! Si no tuviera edad para ser tu abuelo, igual te hubiera quitado de mi compadre...

48.–
AMENAZA CONSTANTE

Cuando Paulito y Mariana se fueron, llevando en sus brazos a mi ahijado de unos meses, me entregué a serias reflexiones sobre la vida... Mirando a ese niño deforme, con un pasado tan oscuro y, ahora, un espíritu tan frágil, completamente a merced de las circunstancias que él mismo desencadenara de manera loca, seguí pensando en el drama kármico que envuelve la infancia – niños y niñas que nacen, sin idea ni idea de lo que les espera en el difícil camino, muchas veces sufriendo, desde la cuna, las consecuencias de su malas gestiones pasadas.

Con más de cuatro docenas de niñas en el Hogar Espírita, institución que habíamos fundado bajo la inspiración de los bienhechores de la vida mayor, imaginé la historia de cada una de esas pequeñas que habían sido abandonadas o maltratadas por sus padres...

Les cuento que, desde aquel día que tuve a Júnior por unos minutos en mis brazos, comencé a mirar de otra manera a esos niños que corrían hacia mí y me llamaban "tío" – esos ojitos, casi siempre tristes, reflejaban muchas peleas, ¿qué espíritus serían esos...? ¿Qué, después de todo, habrían hecho en el pasado? ¿Dónde estarían si no estuvieran allí con nosotros? Algunas de las niñas del Hogar tenían marcadas discapacidades físicas, pero la discapacidad más grave era sin duda psicológica. Muchos de ellos eran sonámbulos, deambulaban de noche por los pasillos de la casa de dos pisos y hablaban como si estuvieran dando órdenes a alguien, recuerdo en particular a una de ellas, Anita, que tenía solo 6 años. La piel oscura y las cicatrices en los brazos causadas por las quemaduras que le hizo su madre, quien era alcohólica, la niña dijo con altivez, cuando cayó en un estado de trance:

– ¡Golpeen! ¡Golpeen...! Estos esclavos fugitivos tienen que aprender... ¡No los perdonen! Quiero verlos sangrar en el tronco... Córtenles la carne... ¡Golpeen! ¡Golpeen...!

Y, con gestos desenfrenados, movía su bracito como si hiciera vibrar el látigo.

Otra, Estela, una encantadora niña de pelo rizado, reveló, con tan solo 8 años, una tendencia al suicidio; el balcón del Hogar tenía que estar constantemente cerrado, porque, más de una vez, los internos más grandes la sorprendían con ganas de saltar...

¡Bendita la Reencarnación, que nos da la oportunidad de nuevo comienzo! Bendita sea la Providencia, que nos sumerge en el olvido, para que el mal que engendramos en el pasado no nos esclavice indefinidamente a sus consecuencias...!

Nuestras actividades en el Sanatorio continuaron a un ritmo normal, cuando, casi un año después del nacimiento de mi ahijado, en una de nuestras sesiones mediúmnicas, un espíritu, que no se identificó, habló con sarcasmo, en medio de una carcajada estruendosa:

– ¡¿No dijimos que sería inútil esconderlo?! Lo encontramos... ¡Es nuestro, nuestra propiedad! La ley está a nuestro favor... ¡Pagará! Estamos proveyendo...

Iniciando el diálogo que trataré de resumir, pregunté:

– ¿A quién, mi hermano?" ¿Y cuál es esta Ley a la que te refieres...?

– Ahora, Doctor, no se haga el tonto… Es él – alguien cuyo nombre no importa. Usted sabe mejor que nadie de quién está hablando… ¿No le dijimos que tenemos espías en todos lados...? Tarde o temprano, caería en nuestras manos...

– ¿Qué Ley, hermano mío – insistí , es ésta en la que te apoyas a colimar tus intenciones en el mal?

– Es la Ley de la Creación; somos sus instrumentos... El universo no existe sin orden. Quien siembra, cosecha; no hay forma que alguien pueda eximirse de esta regla matemática... Si hay quienes premian a los esfuerzos positivas, es necesario que quien trabaja no deje lo malo sin las consecuencias de sus actos. Nuestro reclamo es justo. No exigimos un espíritu lleno de virtudes, queremos, más bien, un asesino intrascendente, que, como nos ha sucedido a otros, sufra lo que se ha merecido...

– Pero – insistí –, hoy es un niño indefenso.

– ¿No le dije, doctor, que usted sabía de quién se trataba? ¡Pues no nos hagas reír! ¡Niño indefenso, nada! ¡Pero qué horrible disfraz le han preparado...! Aunque pareciera un batracio, como lo tiene, lo identificaríamos, ¡su olor es inconfundible! Huele, doctor, a carne quemada; huele a sangre, heces y orina...

De hecho, el espíritu comunicador tenía razón: después de tomar al pequeño Junior en mis brazos, me quedé, durante varias horas, oliendo un extraño olor a humo, como si el cuerpo de un animal muerto en el pasto fuera incinerado, para evitar la contaminación por la peste.....

– La divina misericordia no te permitirá hacer lo que planeas… – argumenté.

– No estará de acuerdo, ¿cómo? Entonces queremos las mismas ventajas...

– ¿El privilegio de nacer en un cuerpo completamente deformado?

– Junto a lo que se merece, esto no es nada; lo conoces por lo que hay en los libros... ¿No sabes, por ejemplo, que ordenaba a las mujeres embarazadas quemar a sus hijos con hierro incandescente en sus propias matrices...!

– El mal es locura...

– ¡Y no hay cura, doctor! Sabes que no hay cura... ¿Cuántos no están aquí, en este hospital, como si estuvieran en una posada de lujo? ¿Crees que mejorarán? ¡Nunca...!

– Ten compasión...

– Tendremos piedad de las víctimas, de las mujeres que murieron a manos de ese fraile dominico cruelísimo, calvo, con el gallardete color crema cuadrada sobre la túnica negra, con un gran crucifijo de plata alrededor de su cuello...

– Ustedes responderán por eso...

– Tenemos conciencia, pero tendremos nuestras penas ablandadas...

– Dejen que la vida se encargue de castigarlo, como ya empezó...

– Tomará mucho tiempo y el grito de víctimas indefensas resuena con estridencia en nuestros oídos... Terminemos con esto. Lo atamos a una roca como a Prometeo, a quien, en castigo por robar el fuego a los dioses, un buitre le devoraba el hígado todos los días...

49.–
LA DESENCARNACIÓN DE JUNIOR

Poco tiempo después nos llegó la noticia que Mariana estaba embarazada nuevamente – ¡bendita Ley de Compensación! Llegó la información que, lamentablemente, habíamos estado esperando: Junior había desencarnado, no había salido de su cuerpo en circunstancias normales, debido a alguna complicación en su órganos internos. ¡Mi ahijado, mientras roncaba en su cuna, simplemente fue mordido por una anaconda...!

Teniendo que venir a Uberaba, el Sr. Juliano, al pasar por el Sanatorio, nos contó detalles de lo sucedido.

– ¡Doctor, fue algo horrible e increíble! – Dijo él –. Desde hace varios meses, los terneros venían desapareciendo en las fincas aledañas, sin saber a ciencia cierta a qué atribuir el hecho: si a unos jaguares que aun existen en la región o a la acción de una anaconda gigante, que unos vaqueros aseguraban haber visto arrastrándose por el pantano... Paulito estaba conmigo en el campo, campeando unas vacas, y Mariana y doña Josefina estaban en casa, cuidando el almuerzo. Mientras tanto, en un pequeño almacén que tenemos cerca de nuestra casa, se produce un incendio, que mi nuera y su abuela se apresuran a combatir, temiendo mayores consecuencias. Fue tiempo más que suficiente para que, al entrar en la casa – debía tener hambre, poniendo alguna gallina en el patio –, la gran anaconda encontró a mi nieto en la cuna, sostenido por almohadas, y lo embocó...

Respirando y secándose las lágrimas, el Sr. Juliano continuó:

– Llegábamos a caballo, Paulito y yo, y todavía veíamos a ese monstruo entrando en el bosque, sin; sin embargo, tener una idea de lo que había sucedido.

– ¡Paulito! ¿Dónde está Junior...? ¡Dios mío, la serpiente lo ha atrapado! Puedo olerla aquí... ¡Quiero a mi hijo...!

Corrimos y vimos la dura realidad. Mientras doña Josefina ayudó a Mariana, que se desmayó al pie de la cuna vacía, tomé la escopeta y, en compañía de mi hijo, que se armó con un gran machete, salí en persecución de la anaconda, que después media hora, nos encontramos a orillas del Ribeirão, no fue difícil apuntar a ella, le apunté a la cabeza y disparé el tiro directo, que la hizo retorcerse de una manera extraordinaria. Completamente fuera de sí, Paulito, sin siquiera esperar a que el monstruo de casi seis metros expirara debidamente, hundió el machete en sus entrañas, tal vez con la esperanza de sacar vivo a Júnior...

Estaba completamente destrozado, se lo confieso, sin saber qué decir. Mientras que el Sr. Juliano describió la escena aterradora, la fui viendo en todos sus detalles, analizando la acción minuciosa de la oscuridad...

- El cuerpo de mi nieto, Dr. Inácio - aclaró el hacendado - estaba intacto en el vientre de la serpiente, pero ya no respiraba. No creo que le costara tragarlo, como saben, Junior no se había desarrollado como un niño normal, prácticamente solo tenía la cabeza y el pecho. Del interior de la anaconda aun sacamos una cabeza de novillo, ya despellejada, y dos pollos recién devorados.

- ¿Y cómo está Mariana ahora? - Pregunté preocupado.

- Se está conformando. Doña Josefina tiene mucha fibra espiritual y ha insistido con ella y con Paulito en que todo pasó por voluntad de Dios. Y luego, como saben, Mariana está embarazada nuevamente y debe cuidar que el embarazo no termine. Dios sabe lo que hace, Doctor - concluyó el interlocutor -. Mi nieto realmente no tendría vida por mucho más tiempo... Mariana y Paulito sufrían mucho. Ya sabes cómo es la gente del campo: venían de lejos por pura curiosidad; algunos incluso dijeron que mi nuera había dado a luz a un demonio sin cuernos...

Cuando el pequeño hacendado de Capão-da-Onça se fue, pidiéndole que llevara mis condolencias a la joven pareja, me quedé largos minutos sin querer hablar con nadie. Cuando doña Modesta llegó, le narré el episodio que le arrancó abundantes lágrimas. Fue una de las pocas veces que la vi llorar así.

- Ellos creen que han vencido, ¿no es así, Inácio? - Me dijo por fin.

- ¿Y no vencieron? - Pregunté desilusionado.

- No, no lo hicieron y no lo harán. Tuvieron, digamos, la oportunidad de empatar el partido... La victoria siempre será para bien. La lucha continua. Ahora, en el otro lado de la vida, está con nuestros benefactores espirituales.

– ¿Cuánto tiempo permanecerá en sus manos?

– No sé... Tal vez todavía nos llamen para intervenir, ¿quién sabe? Hicimos nuestra parte. Oremos y esperemos por el futuro.

– El diablo es que ya me estaba encariñando con ese chico...

– Eres su padrino, no lo olvides. Tu responsabilidad en el caso es mayor que la mía.

Desde hace varios días – y no me estaba volviendo loco –, les cuento que con la ráfaga de viento llegó a mis oídos el sonido de unas risas siniestras, como si se regodearan conmigo. ¡Ese era el canto de la oscuridad...! Para aliviar ese acoso que me incomodaba, durante una semana decidí en parte de la tarde, cuidar el jardín del Sanatorio. No me daría por vencido: si no renunciara a contradecir las pautas médicas sobre el tabaquismo, ¿renunciaría pacíficamente a oponerme a las sugerencias del mal? Definitivamente, en términos de obsesión, estaba perdido... Perdí como dos kilos, trabajando en el jardín, liberando casi todas las toxinas del cuerpo, especialmente las provenientes de mis pensamientos disparejos. Arranqué la juncia de la hierba en un día; pero a los pocos días ya estaban allí, y lo peor fue que, echando agua en los arriates, me vi en la obligación de regar también la juncia. El resentimiento fue inútil. En todo me enseñó la vida que, para hacer el bien a los que lo necesitaban, no me sería lícito despreciar a los que vivían mal en el mal.

50.–
EPÍLOGO

– Él ahora es nuestro, enteramente nuestro – dijo el espíritu que se comunicó a través de doña Modesta ese miércoles –. Les dijimos que lo encontraríamos... Fue demasiado fácil. Se equivocaron... No crean que pueden con nosotros. Somos más organizados que ustedes. Pagará, en nuestras manos, lo que ha hecho a miles de víctimas; él llorará, a su vez, cada lágrima que hayan derramado... Esperaremos a que salga del letargo y actuaremos. La noticia se ha difundido y hemos recuperado la credibilidad amenazada... Todos sus esfuerzos en vano y aun dejaron a esa chica traumatizada. ¡Eso no se hace! ¡Ustedes son los que lastimaron a esa joven! ¿Cómo podrían infligir un monstruo desagradable como ese en su matriz...?

– Hermano mío – dije cabizbajo, con voz entrecortada – se nota la victoria del mal. No podemos tomar la justicia en nuestras manos... Somos igualmente monstruos que nos disfrazamos. Necesitamos tener misericordia de los que han caído. ¿Quién no necesita el perdón? La mente humana que no es iluminada por el amor de Jesucristo – el sol de nuestras almas – vive inmerso en las tinieblas de la locura... Nada de esto hubiera pasado si no fuera por el consentimiento de Dios. No crean en sus propias fuerzas... Ciertamente, al espíritu de nuestro desdichado hermano le falta todavía tal experiencia, de modo que el mal, en sus raíces profundas, le libra de su influencia... Nosotros le ofrecemos el amor y a ustedes, la irreversibilidad de justicia, pero de justicia sin complacencia, de justicia que hiere sin redimir... Una vez más, son instrumentos ciegos de la Ley, que en todo actúa con perfecta sabiduría. ¡Los designios del Señor son inescrutables! Nuestra fe no vacila. En el éxito en que entonan su siniestro canto de victoria, la vida les prepara una estrepitosa derrota... Todo es cuestión, repito, de más o menos tiempo. Así como los pantanos están siendo saneados y transformados en tierras fértiles, así nuestras almas... Inútil es su oposición al bien. Con la triste experiencia que está atravesando, Mariana madurará en poco tiempo lo que muchos espíritus recalcitrantes tardan siglos en madurar. Paulito, con la ayuda del dolor reciente que coronó sus dolencias íntimas, será otro hombre, para siempre. Dijo Jesús, que no se equivocaría en sus palabras: *"Bienaventurados los afligidos."* Todos somos de Dios. ¡Tomás de Torquemada es de Dios! No te dejes engañar... Tenemos la certeza inquebrantable de la victoria del Evangelio.

¡¿No estaba el Señor aparentemente vencido en la cruz...?! El día sigue a la noche...

– Y la noche vuelve a suceder al día... – argumentó la entidad que escuchaba, hasta entonces, sin responder nada.

– Solo para resaltar la majestuosidad del Sol... – repliqué, contando con la inspiración de los amigos espirituales.

La noche existe sólo por el bien del día... ¡Cuando Jesús nació, era de noche – era de noche para que la estrella que guio los pasos pudiese brillar más intensamente en el cielo de Belén!... Cuando el Señor se fue, siendo día, la noche se hizo sobre la Tierra, pero con el único propósito de preparar su gloriosa resurrección en una hermosa y soleada mañana de domingo...

La cruz no es un símbolo de muerte, sino de vida.

– Es una pérdida de tiempo hablar contigo y tratar de iluminarte – tartamudeó el espíritu, casi despidiéndose.

– Una pérdida de tiempo es intentar convencernos que el mal tiene existencia propia... Solo Dios existe para toda la Eternidad y Dios es Amor.

– Amor que no le importa lo que le pase a nadie...

– ¡Amor que alimenta a los pájaros, que viste los lirios en los campos, que desabrocha las rosas en los espinos, que enciende las estrellas en el cielo, que mece las olas del mar, que hace caer la lluvia, fecundando la tierra...!

En vista del silencio de la sala, entiendo que la entidad se había retirado doña Modesta, volviendo del trance, tenía lágrimas en los ojos. Honestamente, hasta el día de hoy me pregunto si esas lágrimas que corrían por sus mejillas procedía de sus ojos o del espíritu comunicante...

No me atrevía a preguntarle nada.

Al día siguiente, después de aquella noche tormentosa en Uberaba, el sol había vuelto a brillar y los gorriones piaban alegremente en las ramas de los árboles. Respiraba con fuertes inhalaciones, tratando de recuperarme de la lucha, cuando, para completar mi alegría, veo a Paulito y Mariana caminando hacia mí. Mariana había venido para una cita con el ginecólogo; su cara estaba radiante...

– Dr. Inácio – me dijo con su habitual y hermosa sonrisa – mire qué bueno es Dios... ¡El médico me dijo que estoy esperando mellizos...! Está bien y, según él, serán dos niños sanos.

Mis ojos se llenaron de lágrimas... ¿Dónde estaban mis malditos cigarrillos, que siempre encendía para tratar de disimular el enrojecimiento de mis ojos – me estaba haciendo viejo, después de todo –, cuando a menudo me emocionaba...?!

No pude decir una palabra. Estreché la mano de Paulito a modo de saludo y abracé a Mariana como si en ella abrazara todo aquello en lo que siempre he creído: ¡el amor infinito y misericordioso de nuestro Padre! En mi corazón, esa noticia silenció la oscuridad para siempre. ¡Fue el argumento definitivo de vida...!

– Ahora, doctor – me explicó Paulito –, las malas noticias: nos mudamos. Papá negoció el lugar y nos vamos a Goiás... También vinimos a despedirnos de ti. Como Júnior se fue en esas circunstancias, ya no es posible quedarse en esa casa... Doña Josefina se irá con nosotros y comenzaremos una nueva vida.

– Pero tú... – traté de hablar, mi voz se atascó en mi garganta.

– Siempre te daremos noticias. No te preocupes. Te debemos a ti y a este hospital una inmensa deuda de gratitud.

– No me debes nada – dije finalmente –. ¡Quiero que seas feliz...!

Con un ligero saludo a la puerta del Sanatorio, vi, un una vez más, ese jeep polvoriento partir.

Al entrar, Manoel Roberto me interceptó:

– ¡Doctor, venga rápido...! Hay un niño con un ataque; llegó ayer y venía de Veríssimo... Los padres dicen que es un lunático – camina por la casa, hablando solo por la noche. Enciende fósforos y ya ha prendido fuego a su propia cama...

"¿Será otro, Dios mío?" – me pregunté en voz alta, poniendo mi brazo derecho sobre el hombro de Manoel Roberto y dirigiéndome al pabellón, ¡listo para la pelea, que estaba lejos de terminar...!

FIN

**Otros Libros de Carlos A. Baccelli con Odilon
Fernandes, Hermano José e Inácio Ferreira**

Todos somos Médiums

Tecla, La Primera Mártir del Cristianismo

Bajo las Cenizas del Tiempo

Libros de Elisa Masselli

Siempre existe una razón

Nada queda sin respuesta

La vida está hecha de decisiones

La Misión de cada uno

Es necesario algo más

El Pasado no importa

El Destino en sus manos

Dios estaba con él

Cuando el pasado no pasa

Apenas comenzando

Libros de Vera Lúcia Marinzeck de Carvalho y Patricia

Violetas en la Ventana

Viviendo en el Mundo de los Espíritus

La Casa del Escritor

El Vuelo de la Gaviota

Vera Lúcia Marinzeck de Carvalho y Antônio Carlos

Amad a los Enemigos

Esclavo Bernardino

la Roca de los Amantes

Rosa, la tercera víctima fatal

Cautivos y Libertos

La Mansión de la Piedra Torcida

La Casa del Acantilado

La Gruta de las Orquídeas

Ocurrió

Aquellos que Aman

Por las puertas del Corazón

Cuando la Vida escoge

Cuando llega la Hora

Cuando es necesario volver

Abriéndose para la Vida

Sin miedo de vivir

Solo el amor lo consigue

Todos Somos Inocentes

Todo tiene su precio

Todo valió la pena

Un amor de verdad

Venciendo el pasado

Libros de Eliana Machado Coelho y Schellida

Corazones sin Destino

El Brillo de la Verdad

El Derecho de Ser Feliz

El Retorno

En el Silencio de las Pasiones

Fuerza para Recomenzar

La Certeza de la Victoria

La Conquista de la Paz

Lecciones que la Vida Ofrece

Más Fuerte que Nunca

Sin Reglas para Amar

Un Diario en el Tiempo

Un Motivo para Vivir

¡Eliana Machado Coelho y Schellida,
Romances que cautivan, enseñan,
conmueven y
pueden cambiar tu vida!

Romances de Arandi Gomes Texeira y el Conde J.W. Rochester

El Condado de Lancaster

El Poder del Amor

El Proceso

La Pulsera de Cleopatra

La Reencarnación de una Reina

Ustedes son dioses

Libros de Vera Kryzhanovskaia y JW Rochester

La Venganza del Judío

La Monja de los Casamientos

La Hija del Hechicero

La Flor del Pantano

La Ira Divina

La Leyenda del Castillo de Montignoso

La Muerte del Planeta

La Noche de San Bartolomé

La Venganza del Judío

Bienaventurados los pobres de espíritu

Cobra Capela

Dolores

Trilogía del Reino de las Sombras

De los Cielos a la Tierra

Episodios de la Vida de Tiberius

Hechizo Infernal

Herculanum

En la Frontera

Naema, la Bruja

En el Castillo de Escocia (Trilogia 2)

Nueva Era

El Elixir de la larga vida

El Faraón Mernephtah

Los Legisladores

Los Magos

El Terrible Fantasma

El Paraíso sin Adán

Romance de una Reina

Luminarias Checas

Narraciones Ocultas

La Monja de los Casamientos

<u>**Libros de Mónica de Castro y Leonel**</u>

A Pesar de Todo

Con el Amor no se Juega

De Frente con la Verdad

De Todo mi Ser

Deseo

El Precio de Ser Diferente

Gemelas

Giselle, La Amante del Inquisidor

Greta

Hasta que la Vida los Separe

Impulsos del Corazón

Jurema de la Selva

La Actriz

La Fuerza del Destino

Recuerdos que el Viento Trae

Secretos del Alma

Sintiendo en la Propia Piel

World Spiritist Institute

https://iplogger.org/2R3gV6

www.ingramcontent.com/pod-product-compliance
Lightning Source LLC
Chambersburg PA
CBHW021944120726
47992CB00001B/132